Les Généraux des Paroisses Bretonnes

SAINT-MARTIN DE VITRÉ

PAR

F. DUINE

PARIS
J. GAMBER
2, rue de l'Université, 2

1907

A Monsieur Léopold Delisle
membre de l'Institut
respectueux hommage de l'auteur

F. Duine +

2 septembre 1907

LES GÉNÉRAUX DES PAROISSES BRETONNES

SAINT-MARTIN DE VITRÉ

Les Généraux des Paroisses Bretonnes

SAINT-MARTIN DE VITRÉ

PAR

F. DUINE

PARIS
J. GAMBER
2, rue de l'Université, 2.

1907

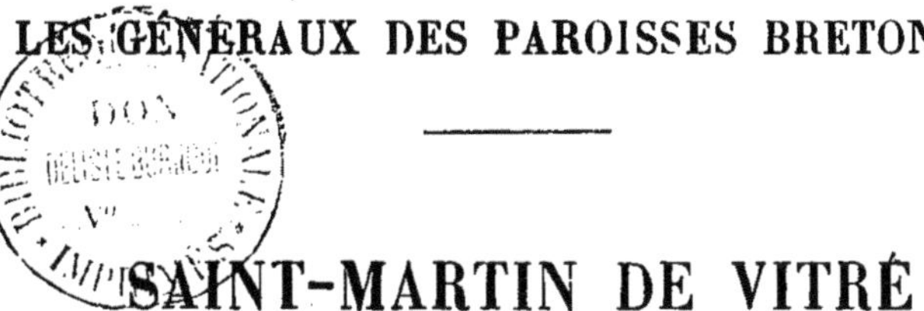

LES GÉNÉRAUX DES PAROISSES BRETONNES

SAINT-MARTIN DE VITRÉ

« *C'est mon aversion que les faux détails, mais j'aime les vrais* » (Mme de SÉVIGNÉ à sa fille, 12 février 1672).

PRÉFACE

Nous devions commencer ce travail par une épigraphe empruntée à la Vitréenne qui fut l'ornement de son siècle. Aussi bien, le château des Rochers, tout plein des souvenirs de la marquise, est-il le joyau de la paroisse de Saint-Martin (1). Et ce n'est pas sans plaisir que nous rappelons ici que cette église reçut de « Monsieur de Sévigné », le 2 juillet 1427, une « fondation de 20 sols de rente (2) ».

Ceux qui voudront connaître la vie des circonscriptions ecclésiastiques dans la ville des hauts barons, pourront consulter l'étude de M. DE LA BORDERIE sur *Les paroisses de*

(1) GUILLOTIN DE CORSON, *Pouillé de Rennes*, t. VI, Rennes, 1886, p. 501.

(2) Aux archives presbytérales de Saint-Martin, une liasse est intitulée « Fondation de 20 sols de rente faite par Monsieur de Sevigné le 2e juillet 1427, avec sept autres pieces au soustien qui finissent en 1445 ». Les cachets de cire noire, appendus aux documents anciens, représentent un aigle sur lequel paraît en relief un écu, qui porte un lion.

Vitré : leurs origines et leur organisation ancienne (1), puis le *Journal historique de Vitré*, publié par l'abbé Paul Paris-Jallobert (2), enfin le tableau de M. Frain de la Gaulayrie intitulé *Cent ans de vie vitréenne* (3).

M. de la Borderie appréciait à leur valeur les comptes des confréries martiniennes des XVe et XVIe siècles (4). Et, de ces documents, M. Frain de la Gaulayrie a connu les particularités les plus intéressantes (5). Le travail présent formera simplement une esquisse paroissiale, dont j'emprunterai les traits à des pièces qui vont de la fin du XVIIe siècle à l'établissement du Concordat.

Voici la liste des sources, que j'ai consultées au presbytère de Saint-Martin (6) :

1. Registre, à couverture de parchemin, portant ce titre : « Registre des deliberations de Saint Martin de Vitré, commensé en 1693, continué jusques en desembre 1698 ».

2. Registre qui ouvre par une réunion du Général au 28 juin 1699 et se termine par celle du 14 mai 1706.

3. Registre comprenant les délibérations du 6 juin 1706 au 9 mai 1715.

4. Registre allant depuis la réunion du 19 mai 1715 jusqu'à celle du 1er juin 1727.

5. Registre qui débute par la délibération du 7 septembre 1727 et ferme à celle du 30 juillet 1741.

6. Registre qui va du 5 novembre 1741 au 26 octobre 1748 inclusivement.

(1) In *Associat. Bret.*, session tenue à Vitré; Saint-Brieuc, Prud'homme, 1877, p. 97-158.

(2) Vitré, 1880. — Si, dans sa précieuse compilation, l'admirable travailleur, qui était alors vicaire à Notre-Dame de Vitré, n'a pas analysé les sources curieuses que contiennent les archives presbytérales de Saint-Martin, c'est purement parce que ces archives lui furent fermées, conséquence de la rivalité des deux grandes paroisses.

(3) Vitré, 1907. Volume de 252 pages.

(4) F. Duine, *Brév. et missels de Bret.*, Rennes, 1906, p. 34.

(5) Frain, *Cent ans de vie vitréenne*, p. 43, 248.

(6) Avant 1891, M. Dupuy, doyen de la Faculté des Lettres de Rennes, a consulté à Saint-Martin un registre, entre autres, qui s'étendait de 1660 à 1673 (*Etud. s. l'administr. municip.*, p. 115[1]). Je n'ai pu retrouver ce document.

7. Registre contenant les délibérations du 5 mai 1754 au 25 février 1770. Il est dérelié et incomplet. Folioté, il commence à la page 27. Les vingt-six folios absents comprenaient sans nul doute les réunions de la fin de 1748 aux premiers mois de 1754. Peut-être ne manque-t-il qu'un feuillet à la fin du manuscrit.

8. Registre où l'on voit d'abord une délibération du 10 juin 1770. Il se poursuit jusqu'au 4 septembre 1791.

9. Comptes (Fabrique et Confréries); liasses des procès soutenus par le Général; testament de l'abbé Thomas Trotin.

10. Registre de baptêmes, mariages et sépultures, pour les années 1801, 1802, 1803. En scrutant les premières et les dernières feuilles de ce manuscrit, on découvre pour 1799 un mariage, au 19 novembre, et un baptême, administré en avril, un mois environ après la naissance de l'enfant, « à cause de la persécution ». Rien pour 1798. Le relevé de 1797 donne 10 baptêmes, du 15 août au 23 septembre; 3 mariages, du 14 août au 18 septembre; 8 sépultures, du 31 juillet au 2 septembre, enregistrées avec la formule : « Nous, prêtre soussigné, avons inhumé dans le cimetière », ou bien : « A été inhumé par nous... » Les signatures de prêtres pour 1797 sont les suivantes : Ji. Bourcier, Brault, J.-M. Jourdan, Le Royer « recteur de Saint-Christophe des bois ».

Avant de présenter au lecteur les éphémérides du vieux Saint-Martin de Vitré, il n'est pas inutile d'expliquer ce que la Bretagne entendait sous la dénomination de *général de paroisse* (1).

Le général.

Vers la fin de l'Ancien Régime, un avocat au Parlement de Bretagne, docteur en droit des facultés de Rennes (2),

(1) Ce nom de *général de paroisse* ne semble pas antérieur aux premières années du XVIe siècle. Au moyen-âge, on dit « la Fabrique et les paroissiens ».

(2) Potier de la Germondaye, *Introduction au gouvernement des paroisses, suivant la jurisprudence du parlement de Bretagne*, seconde édition, Rennes, 1788.

ouvrait en ces termes un traité du sujet qui nous occupe :

« On distingue deux sortes de gouvernemens des pa-
» roisses : le Spirituel et le Temporel. Le premier consiste
» dans la célébration du service divin, l'administration
» des sacremens, la prédication, l'instruction, et les céré-
» monies de la sépulture. Il est confié au curé que
» l'evêque a institué pour conduire le peuple d'une pa-
» roisse.

» Le gouvernement temporel a pour objet l'adminis-
» tration des biens et revenus de la Fabrique, les répa-
» rations de l'église, la fourniture des ornemens, livres
» et vases sacrés, et de tout ce qui est nécessaire pour
» la célébration du service divin. Ce gouvernement est
» confié au général de la paroisse (1). »

Le même auteur dit encore :

« Le Général doit se conduire avec la discrétion et la
» prudence d'un père de famille, sans jamais perdre de
» vue et le bien de l'église, dont il est le défenseur, et
» l'intérêt des paroissiens, dont il est le procurateur
» légal (2)... Au Général seul appartient le droit d'admi-
» nistrer les biens et les revenus de la Fabrique, des
» Confrairies, des Fondations, de régler l'emploi des reve-
» nus, suivant leur destination naturelle (3)... A lui seul
» appartient encore le droit de pourvoir aux offices et
» emplois de l'eglise, de nommer les chantres, le sacriste,
» les enfans de chœur, les bedeaux (4)... »

Outre la question de la Fabrique, qui comprend les revenus et les dépenses de l'église; dans les endroits où n'existait pas une communauté de ville, ou municipalité, le général devait s'occuper des charges et des droits des habitants, en tant que citoyens. Ces charges étaient les levées de deniers et d'impôts

(1) POTIER, *loc. cit.*, p. 1.
(2) *Eod. loc.*, p. 169.
(3) *Eod. loc.*, p. 172.
(4) *Eod. loc.*, p. 173.

divers. Ces droits étaient ceux de la paroisse sur les communaux, les bois, les pêcheries, la cueillette du goémon (1).

Quelle était la composition du général ? Cette « assemblée politique » comprenait douze paroissiens qui avaient été trésoriers et dont les comptes avaient été « rendus et soldés »; de plus, deux trésoriers en fonction. A ces quatorze membres se joignaient « le Recteur et les Juges de la juridiction » d'où l'église relevait. L'association délibérait « dans la sacristie » ou dans une chambre destinée à cet usage (2).

(1) *Eod. loc.*, p. 313 et suiv. — Le général de Saint-Enogat poursuit ceux qui recueillent le goémon en temps prohibé (l'autorisation s'étendait du 1er septembre au 3 avril), ou les habitants des paroisses voisines qui empiètent sur les côtes (*Annal. de la Soc. Hist. de Saint-Malo*, année 1902, p. 41). — Dans son analyse manuscrite des papiers du général de Saint-Servan, que M. Jules Haize, mon collègue, m'a communiquée avec une bienveillance tout amicale, je lis : « 2 août 1778. Requête d'habitants de la campagne, qui demandent l'exécution de l'ordonnance de 1681, touchant la coupe du goémon. On crée des gardes-goémon, qui seront tenus de s'opposer à l'enlèvement du varech par d'autres habitants que ceux de la paroisse ».

Parmi les ressources du général, il faut placer certaines amendes. J'en découvre un exemple assez curieux à Baguer-Morvan. Des jeunes gens du pays s'étaient unis pour enlever « clandestinement » une jeune fille. Ils voulaient forcer ainsi le fermier à la donner en mariage à leur ami Bachelot. Ils la conduisirent au Mont-Saint-Michel. L'affaire était grave. Pourtant les choses s'arrangèrent. Les ravisseurs consentirent à payer une somme de 500 livres : « au profit de la fabrique de Baguer-Morvan, pour estre employée à tel usage qu'il plaira au general fixer », sans compter d'autres sommes destinées à réparer le scandale et à indemniser Julien Ruaux des courses qu'il fit afin de retrouver son enfant (ARCHIV. DÉPART. DE RENNES, Notaires, *Fonds Rouault*, pièce du 16 février 1784).

(2) *Eod. loc.*, p. 167, 168. — Dans son *Histoire de Saint-Servan*, qu'il a rédigée et imprimée, M. J. HAIZE (1900, p. 166) écrit : « Le Général de Saint-Servan était composé du recteur et de ses deux vicaires, du sénéchal, du procureur, du premier capitaine, des trésoriers en charge, de douze anciens trésoriers délibérants, et de six notables ayant voix consultative. — Quand il s'agissait d'affaires intéressant directement l'église, le recteur exposait ses motifs, puis devait se retirer. — Les séances furent publiques jusqu'en 1755 ».

A Saint-Martin de Vitré, les membres de l'assemblée, obligés de s'absenter, pouvaient se faire remplacer par des parents ou des amis; le fils représente plusieurs fois son père. Au besoin, si le nombre n'est pas complet, le général nomme un délibérant, qui est forcé de venir à la séance (voir, par exemple, les délibérations des 24 juin 1770, 12 juillet 1772, 31 août 1777, 30 mai 1779).

Saint-Servan était la paroisse rurale, à côté de Saint-Malo, qui jouissait d'une communauté de ville; comme Saint-Martin était la paroisse rurale, à côté de Notre-Dame de Vitré, qui jouissait également d'une communauté de ville. De là une situation particulière. Ces généraux de banlieue deviennent plus puissants à mesure que se développent les faubourgs, et

Toutefois, quand il s'agissait d' « affaires majeures », pouvant donner lieu à des « levées de deniers considérables », la Cour demandait avec sagesse « la convocation d'une assemblée générale des habitans notables, possédans biens dans la paroisse, afin de scruter le vœu général ». Parmi les choses d'une importance plus particulière, on rangeait « la démolition d'une église, sa reconstruction, sa translation d'un lieu à un autre (1) ».

La force du général réside dans l'appui que lui prête le Parlement, c'est-à-dire la justice royale, tantôt contre les « seigneurs et gentils-hommes », qui gênaient les habitants dans l'examen de « leurs affaires politiques (2) », tantôt contre les recteurs, qui commettaient des abus et voulaient s'introduire dans la comptabilité (3); tantôt contre les membres eux-mêmes de l'assemblée, qui, au moment de l'élection des trésoriers et autres officiers de la paroisse, pratiquaient « des brigues et sollicitations » et se concertaient « dans les cabarets (4) ».

Tandis que plusieurs espéraient faire leurs affaires en faisant celles de la paroisse (5), d'autres n'éprouvaient aucun attrait pour des honneurs qui engageaient leur responsabilité;

sentent plus vivement leur sorte de tutelle vis-à-vis du voisin privilégié. Le cas de Saint-Servan, — ancien établissement romain du nom d'Alet, — est même excessivement curieux (DUCHESNE, *Les anc. catalog. ép. de la prov. de Tours*, 1890, p. 89).

(1) POTIER, *Eod. loc.*, p. 171.

(2) *Arrests du Parlement de Bretagne concernant les paroisses*, troisième édition, Rennes, 1731. — Arrêt du 24 novembre 1664, pour Cléder, p. 21.

(3) *Eod. loc.* — Arrêt du 4 avril 1665, contre le recteur de Paramé, p. 22-28. — Arrêt du 31 août 1718, contre des prêtres de trois paroisses basses-bretonnes, p. 332, 333, 334. — Arrêt du 29 octobre 1718, contre le recteur de Saint-Germain-en-Coglais, p. 339-341.

(4) *Eod. loc.* — Arrêt du 16 avril 1655, relatif à Saint-Etienne de Rennes, p. 8. — Arrêt du 27 avril 1691, p. 145, 146.

(5) Les *statuts du diocèse de Tréguier*, édition de 1685, insèrent, à la page 27, l'article suivant : « Pour détruire la malice de ceux qui tâchent par artifice de s'exemter de payer ce qu'ils doivent aux Fabrices, et pour disposer du bien se font nommer Marguilliers ou en élire d'autres qui leur conviennent : défences sont faites a toutes personnes sur peine d'excommunication d'empêcher soit par menaces, violences, promesses ou autres voyes illegitimes, que l'élection des tresoriers, œconomes des Fabrices, et auditeurs des comptes, ne se fasse avec la liberté et franchise requise. »

ces amis d'une vie « glissante, sombre et muette », comme dirait Montaigne, attendaient un procès avant d'accepter le titre proposé, et parfois offraient de l'argent pour être délivrés de leur mandat (1).

Les décisions du général se présentaient d'abord comme la résultante de trois pouvoirs concertés : le seigneur, le recteur, le populaire. Toute autorité a besoin d'un modérateur. Toute administration devient dangereuse si elle n'est surveillée. C'est pourquoi l'union des trois ordres dans la commune rurale pouvait produire un équilibre, précieux au bien public.

Par malheur, le seigneur ne crut pas aristocratique de se mêler cordialement à la vie de paroisse (2). La caste des châteaux affectait même à l'église une tenue de mauvais goût, qu'elle considérait comme une marque de supériorité (3).

(1) 24 avril 1735. Assignation devant le Présidial du sieur Rivière qui refuse d'occuper le poste de trésorier en charge, auquel il a été nommé (Notes manuscrites de M. Haize sur *le général de Saint-Servan*). En 1692, à Ploërmel, le notaire Gayol paya 45 livres, afin d'être « déchargé des fonctions de fabrique » (S. Ropartz, *Notice sur Ploërmel*, 1864, p. 73).

(2) Sans doute, au XVIIe siècle, on pourrait citer des exemples de châtelaines compatissantes, que l'esprit du christianisme incite au bien; sans doute, au XVIIIe siècle, il ne serait pas difficile de découvrir des seigneurs intelligents et généreux, chez qui l'on sent l'influence des idées philanthropiques; toutefois, à part de rares exceptions, le manoir, dans les villages, se dresse comme un souvenir féodal, casqué d'orgueil, et bardé de privilèges qu'aucun service social ne justifie plus. Aussi, l'amour des paysans bretons pour les nobles de la paroisse est une légende. Taine, *L'Ancien Régime*, chap. III. Lavisse, *Histoire de France*, tome VII, première partie, p. 345-358. Henri Sée, *Les classes rurales en Bretagne, du XVIe siècle à la Révolution.*

(3) Dans un arrêt du 30 octobre 1666, on dit que « plusieurs personnes et la plûpart de condition » perdent le respect qu'elles doivent à l'église, tournent le dos à l'autel, avec ostentation, au moment de la consécration, font dans le lieu saint des « conversations » profanes et s'entretiennent « de railleries » (*Arrests du parlement de Bretagne*, 3e édit., 1731, p. 28-30). Un petit traité, qu'on attribue au duc de Luynes et qui parut en 1668, recommande aux seigneurs de ne pas faire attendre le prêtre qui doit dire la messe et d'assister aux offices avec modestie (Babeau, *Le village s. l'anc. rég.*, 2e édit., p. 182).

A l'époque féodale, choisi par le seigneur, le prêtre rural devint son homme, souvent il fut son serf ou son recommandé (Imbart de la Tour, *Les paroisses rurales du IVe au XIe siècle*, Paris, 1900, p. 232-233). Au surplus, le château considéra toujours la morgue vis-à-vis du clergé comme un

Néanmoins, les gentilshommes étaient avides de recevoir dans le sanctuaire les témoignages de la plus profonde déférence (1). A cette vanité le général donnait le coup de boutoir, quand l'occasion était bonne (2). Que pouvait-il attendre de ces nobles, affreusement endettés, et que travaillaient les seules préoccupations du luxe et de l'étiquette ? Le catéchisme de Nantes enseignait : « Nulle paroisse ordinairement plus pauvre que celle où il y a plus de gens riches et de qualité (3) ». Au reste, certains généraux, comme celui de Saint-Servan, devenaient une puissance avec laquelle il fallait compter (4). Aux assemblées, le seigneur déléguait un officier (5). Mais la

privilège aristocratique. Avec les idées nouvelles, au XVIIIe siècle, le seigneur ne voit plus dans le recteur du village qu'un machiniste. C'est 93 qui opéra les changements d'attitude. Aussi, le district de Dol, par exemple, écrivait au département : les nobles, qui, « avant la Révolution, n'assistaient point ou presque point aux cérémonies religieuses » et « méprisaient les prêtres » unissent aujourd'hui leur secte à la leur. L'intérêt politique de l'Ancien Régime exigeait cette pieuse métamorphose (ARCHIV. DÉPART. DE RENNES, *District de Dol*, série L, n° 22; correspondance du procureur-syndic et agent national: lettre du 17 messidor an III. — Lire AULARD, *Hist. Politiq. de la Révol. Franç.*, 3e édit., Paris, 1905, p. 377).

(1) BABEAU, *loc. cit.*, p. 196-199. — En 1685, l'évêque de Tréguier interdit de lire « à l'offertoire des grandes messes » ces longues « généalogies » que « quelques particuliers » remettent au prêtre « sous pretexte de prier Dieu pour leurs parens » (*Statuts du diocèse de Treguier*, nouvelle edition, Morlaix, 1685, p. 10).

(2) 31 octobre 1734. Opposition formelle du général, signifiée au recteur, contre les prières nominales que le seigneur de Châteauneuf prétend avoir dans l'église de Saint-Servan (J. HAIZE, *Notes mss. sur le général de Saint-Servan*). Jadis, une grande partie de Saint-Servan dépendait féodalement de Châteauneuf: le marquis de ce nom affirmait qu'il était, chez les Servannais, seigneur « supérieur, fondateur et prééminencier de l'église » (GUILLOTIN DE CORSON, *Pouillé de Rennes*, t. VI, p. 270).

(3) *Catéchisme du diocèse de Nantes*, 3e édit., Nantes, Mareschal, p. 497 (cette édition date de 1707. La première est de la fin du XVIIe siècle).

(4) 22 janvier 1747. Arrêt du parlement de Bretagne, qui permet à la paroisse de Saint-Servan de nommer, de trois ans en trois ans, deux ou trois notables et capables habitants, pour y exercer la police et se faire donner main-forte par toute personne du lieu requise (J. HAIZE, *Notes mss. sur le général de Saint-Servan*). — M. ANT. DUPUY disait : « Au XVIIIe siècle, les généraux ne sont plus de simples conseils de fabrique; ils sont devenus de véritables municipalités » (*Etudes sur l'administ. municip. en Bret. au XVIIIe s.*, 1891, première partie, p. 9).

(5) Dans un arrêt du 27 avril 1691, la cour de Rennes spécifie « que les seigneurs des paroisses ou leurs procureurs d'offices » seront « appellez » aux réunions du général (*Arrests du parlement de Bretagne concernant*

tendance du Parlement fut d'envisager celui-ci, moins comme suppléant « du seigneur haut ou moyen justicier », que comme agent « du public et de la police ». Si bien qu'une des clefs des archives paroissiales devait être aux mains du procureur fiscal du seigneur, sans pouvoir « jamais rester aux mains du seigneur » lui-même. Bien plus, ce dernier n'aurait pas eu le droit de « réclamer la présidence à l'exclusion de ses juges (1) ».

Le recteur, qui y était particulièrement intéressé, suivait de près les délibérations. Tous sont respectueux de la hiérarchie et des principes catholiques. Non seulement le prêtre n'est pas entravé dans sa mission sacerdotale, mais encore il trouve un appui dans la loi pour l'exercice de son action religieuse. L'école du village est essentiellement chrétienne. Le pasteur a le droit de contrôler l'enseignement du pédagogue (2). Cependant le pouvoir civil veille à ce que les prêtres demeurent dans les limites les plus strictes de leurs attributions spirituelles (3). A la vérité, si les évêques, dans leurs visites pastorales, tiennent à recevoir les marguilliers et à parcourir les registres de la fabrique (4), ils reconnaissent

les paroisses, 3e édit., 1731, p. 148). — A Saint-Martin de Vitré, en 1786, ces assemblées ont lieu « en présence de noble maître Jean-Baptiste-Olivier Beaugeard de la Morinay, avocat au Parlement, fesant fonction de juge de la juredíction du marquisat du Châtelet », ou bien « en présence de noble maître Bertier, procureur-fiscal du Châtelet ».

(1) Potier, *loc. cit.*, p. 430-431.

(2) Potier, *loc. cit.*, p. 387-391.

(3) Potier (*loc. cit.*, p. 13), dit formellement que « les recteurs n'ont aucune jurisdiction temporelle dans leurs paroisses ». L'intervention des évêques a des frontières, parfois étroites. Si des contestations, par exemple, s'élèvent entre ecclésiastiques sur les préséances dans les processions, ces contestations « sont de la seule compétence des Juges séculiers » (*loc. cit.*, p. 59). D'autre part, dans son *Dictionnaire de la police générale* (nouvelle édition, Paris, 1771, p. 242), Freminville établit que : « les comptes des administrateurs des hôpitaux sont dans le même goût que ceux des Fabriciens, à l'exception que le Curé ne doit pas y être appelé, si ce n'est pas l'usage; et en cas qu'il y soit présent, il n'y est que comme principal habitant. »

(4) Les prélats maintinrent leur droit de surveiller les marguilliers, comme ils prirent des mesures pour assurer le bon ordre de leur élection. « Les marguilliers entrans et sortans de charge, dit l'évêque de *Quimper*, presteront le serment accoûtumé par devant Nous ou nos Commissaires » (Statuts de 1710, p. 120; voir de plus p. 119). « Les trésoriers ou receveurs des offrandes et revenus des confrairies, dit l'évêque de *Saint-Brieuc*, nous

volontiers que les recteurs compromettent leur dignité sacerdotale en s'ingérant dans le maniement des fonds paroissiaux [1]. Aussi bien, la puissance judiciaire de Bretagne est prête à augmenter la force du général contre l'envahissement du clergé. Les prédicateurs eux-mêmes subissent la surveillance. Ils seraient châtiés s'ils sortaient de leur domaine pour entrer dans celui de la politique [2]. Louis XIV, le roi-soleil de la chrétienté, gardait cette maxime : « Les gens d'église sont sujets à se flatter un peu trop des avantages de leur profession et s'en veulent quelquefois servir pour affaiblir leurs devoirs les plus légitimes [3] ».

Bien plus, le gouvernement, comme nous dirions aujourd'hui, demande et impose à l'Eglise des actes qui nous

rendront un compte exact de leur gestion à l'endroit de nos visites ». Le même ajoute : « Comme il arrive assez souvent que des personnes injustes, pour s'emparer des biens de la fabrique, ou pour ne pas lui païer les rentes qu'elles lui doivent, font des brigues afin de se faire élire trésoriers, ou en faire choisir d'autres à leur gré, Nous défendons, sous peine d'excommunication, de troubler ou empêcher par menaces, violences, promesses ou autres voïes illegitimes, la liberté avec laquelle se doit faire l'élection des Trésoriers » (Statuts de 1723, p. 50, p. 241-242; voir en sus p. 249). L'évêque de *Rennes* fait remarquer en note que l'examen des comptes de Fabrique n'est pas de la compétence des juges royaux, mais est attribué aux seuls prélats, ou à leurs grands vicaires, faisant les visites régulières (Statuts de 1726, p. 64). — Consulter de plus les *ordonnances synodales du diocèse de Saint-Malo, renouvelées et confirmées dans le synode de 1769* (édition de 1772, p. 215). — Dans le diocèse de Dol, comme dans celui de Saint-Malo, les généraux de paroisse nommaient des délégués, qui étaient interrogés par l'évêque, au cours de sa visite, et présentaient leurs observations (Robert, *Urbain de Hercé*, p. 45-46).

(1) Les évêques de Bretagne savaient que le prêtre a tout honneur à ne point manipuler les fonds. Mgr de la Vieuxville Pourpris disait : « Le nombre et l'importance des fonctions ecclesiastiques sont plus que suffisans pour occuper les ministres de Jesus-Christ, et les discussions dans lesquelles il faut entrer pour exiger les droits et revenus des Fabriques, obligeant à comparoitre souvent devant les Tribunaux seculiers, il convient fort que la regie des biens qui appartiennent aux eglises de paroisses soit confiée à des laïques... » (*Statuts de Saint-Brieuc*, 1723, p. 241). Et Mgr de Hercé écrivait : « Pour éviter les plaintes et les soupçons que le maniement des deniers publics pourroit occasionner, Nous défendons à tous Recteurs et Curés d'office, de toucher ou de disposer à leur volonté des deniers apartenans aux Fabriques de leurs eglises, voulant qu'ils en laissent l'administration aux Trésoriers de leurs paroisses, pour être employés suivant leur destination, et non autrement... » (*Statuts de Dol*, 1771, p. 46-47).

(2) Voir dans Freminville, *loc. cit.*, article : *Prédicateurs*. Et dans Potier, *loc. cit.*, p. 292.

(3) Passage des Mémoires de Louis XIV, cité par Lavisse, *H. de Fr.*, t. VII, I, p. 391.

étonnent. Que la puissance séculière veuille, par exemple, que le recteur ne néglige pas les registres des naissances, mariages et sépultures, c'est tout naturel (1), ces documents faisant foi devant les administrations, mais qu'elle ordonne sévèrement de mettre à son service les châtiments spirituels; que la justice du roi, et, parfois, la simple justice du seigneur prétendent forcer les consciences, au moyen des monitoires, des aggraves et des réaggraves, il est nécessaire, pour le comprendre, de se souvenir à quel point l'autorité ecclésiastique et la civile s'étaient enlacées au cours des âges; encore faut-il ajouter, pour son honneur, que le clergé sentit l'odieux de cette corvée (2).

(1) Les évêques entraient volontiers dans les vues du parlement, au sujet de la bonne tenue des registres. M. de Vannes, dans ses *statuts de 1693*, écrit : « Il y aura dans chaque paroisse deux registres pour les baptêmes, mariages et sépultures, que les recteurs se procureront chaque année, aux frais de la Fabrique, dont les feuilles seront cotées et paraphées par le juge royal des lieux; l'un servira de grosse et sera mis au greffe de la juridiction dont dépend la paroisse, six semaines après l'année expirée; et l'autre demeurera pour minute entre les mains des recteurs ou curés » (Edition de 1695, p. 311). En Bretagne, le plus ancien règlement que nous connaissions, au sujet des registres de ce genre, appartient à Raoul de la Moussaye, qui fut évêque de Dol, de 1444 à 1456. Constatant que des difficultés naissaient relativement à l'âge et à la parenté des gens, tant dans les affaires ecclésiastiques que dans les civiles, il ordonna à son clergé de tenir des registres, où l'on consignerait, après le baptême, les dates précises de cette cérémonie, avec les noms et surnoms des nouveau-nés, de leurs père et mère, de leurs parrain et marraine; ce registre devait être ramassé en lieu sûr et conservé avec soin; les prêtres qui ne se soumettraient pas à cet article devaient encourir l'excommunication, et payer une amende de vingt sous, applicable en partie (15 sous) à la fabrique de la cathédrale, en partie (5 sous) à l'église du coupable (*Collection de statuts synodaux de Dol*, publiée en 1509, par ordre de Mathurin de Plédran, fol. 26-27; exemplaire à la Bibliothèque de Rennes). Mais, en fait, (jusqu'à nouvelle découverte), le plus ancien et le mieux conservé des registres de notre ancien état civil de Bretagne se rattache au diocèse de Saint-Malo. Nous possédons l'enregistrement des baptêmes de Paramé depuis le 15 octobre 1454 (Paris-Jallobert, Anc. Regist. Par. de Bret., *Paramé*, Appendice).

(2) En 1789, un grand nombre de cahiers de clergé réclama contre « l'abus effroyable » des monitoires (Babeau, *Le village sous l'ancien régime*, 2e édit., p. 122). Il est facile de fournir des exemples de la manière dont on prostituait l'emploi de mesures aussi graves. En 1701, Guillaume Chappé, sieur du Tertre, paroissien du Mont-Dol, demande, aux juges de la juridiction du chapitre de Dol, un monitoire, « au sujet du maltraitement fait à un de ses chevaux par un particulier voisin » (Archiv. du Parlement de Bret., à Rennes, *Chapitre de Dol*, procédures, G. 41).

Les monitoires étaient des avertissements et commandements que l'Eglise adressait aux fidèles de révéler ce qu'ils savaient sur les faits y mentionnés, sous peine d'encourir l'excommunication, s'ils refusaient d'obéir dans le temps marqué. Sauf dans les cas qui exigeaient un prompt remède, — telle une trahison des citoyens devant l'ennemi, telle une conjuration contre le prince, — on devait répéter trois fois la monition, avec intervalle d'une semaine entre chaque publication. Pour frapper l'imagination de leur troupeau, quelques prêtres employaient des procédés de théâtre. Si l'excommunication ne produisait pas d'effet, — et ce n'était pas l'excommunication mineure, qui ne fait que priver de la participation des sacrements, mais la majeure, qui retranche de la communion des saints du ciel et des fidèles de la terre, abandonnant l'âme à Satan, — alors on prononçait l'aggrave, puis la réaggrave, avis nouveaux qui rendaient plus coupables ceux qui s'opiniâtraient dans le silence (1). En 1717, « pour la conservation des droits du Roy, au sujet du bris et pillage d'un vaisseau hollandois, nommé le Saint Jacques de Rotterdam », l'amirauté de Quimper réclama « des monitoires et réagraves en quinze paroisses (2) ». L'Etat cherchait à confisquer à son seul profit, et gratis, ce système de dénonciation (3). D'une part, en effet, les bulles et lettres de Rome avaient besoin du visa laïque. Un doyen de Nantes, voulant se défendre contre un chanoine de Léon, eut recours au Pape. Mais il fut menacé dans ses biens par le parlement de Bretagne. D'autre part, comme l'excommunication d'une personne entraînait pour celle-ci plusieurs conséquences dans la vie

(1) Je suis ici le *Traité des monitoires*, publié à Paris, en 1740, par Rouault, curé de Saint-Pair (au diocèse d'Avranches). L'auteur, dit l'Approbation, « a ramassé tous les principes de la matière avec beaucoup d'érudition, et enseigné la manière d'en faire l'application dans notre usage présent ». Il s'est particulièrement intéressé à la jurisprudence bretonne et aux usages de Normandie.

(2) *Arrests du Parl. de Bret.*, 3e édit., 1731, p. 318.

(3) Les recteurs demandaient « trois livres » pour la publication des monitoires: *eod. loc.*, p. 165-166, p. 318-319. Et les magistrats de condamner cette « avarice sordide ! » Refuser un légitime salaire à l'ouvrier pauvre, mais vêtu d'une soutane, c'est un effet très suave de la vertu de ces Catons, qui vivaient d'épices. M. Lavisse a prononcé le mot juste : « la magistrature était anticléricale » (*Hist. de Fr.*, t. VII, fascicule 5, 1906, p. 16).

civile, la puissance judiciaire se réservait le droit de ratifier la sentence ecclésiastique. Dans une circonstance, le parlement de Bretagne obligea l'évêque de Rennes à gratifier de l'absolution « la nommée Barbe Raoul », qui avait été excommuniée (1).

La chaire du village, — véritable gazette du temps, — proclamait aussi les impôts. Par exemple, pour les fouages, contribution territoriale, le recteur annonçait à la grand'-messe la somme afférente à la paroisse. C'était alors au général de choisir les égailleurs (ou répartiteurs), chargés de former le rôle de la perception sous leur responsabilité solidaire. Puis le recteur faisait connaître le dimanche ce que chaque feu (ou maison) devait payer. Ensuite le général nommait les collecteurs, qui recueilleraient l'argent. Ce mode de gestion était « essentiellement coopératif » et tous les intéressés pouvaient y participer à leur tour (2). Mais, en pareille matière, le prêtre n'était que le trompette de la bourgade. On lui interdisait de se mêler de la confection des rôles de fouages, tailles, capitation, et autres impositions (3).

(1) ROUAULT, *loc. cit.*, p. 40-41, 93, 295, 301. — Au XVIIIe siècle, le parlement de Bretagne s'attaque résolument aux évêques. En 1744, il casse un mandement de Mgr de Jumilhac, évêque de Vannes. Le prélat eut recours au Conseil d'Etat, qui réforma le jugement passionné de la Cour de Rennes. Successeur du précédent, Mgr Bertin, frère d'un ministre, eut à soutenir une véritable lutte contre le même parlement de Bretagne, à propos d'affaires jansénistes. Il fallut l'intervention de Louis XV pour calmer les esprits (TRESVAUX, *L'Eglise de Bretagne*, p. 176, 177). Si les chefs de diocèse n'avaient pas fait partie de la noblesse et n'avaient pas formé un corps puissant, ils eussent été liés dans leurs moindres mouvements par la magistrature.

(2) A. DU CHATELLIER, *Des administrations collectives* (in *Séances et Travaux de l'Acad. des sciences morales et politiq.*, t. LXXXVIII, Paris, 1869).

(3) Arrêt du 29 octobre 1718; arrêt du 20 décembre 1731 (*Arrests du P. de B.*, 1731, p. 339, 458).

La taille était un impôt qui pesait exclusivement sur le peuple; il était levé sur les roturiers en proportion de leurs biens et de leurs revenus. C'était à la fois un impôt personnel et un impôt territorial. Les prédicateurs protestèrent courageusement contre les pratiques odieuses qui pressuraient les plus humbles; et les casuistes demandaient que les prêtres s'opposassent aux abus dans la mesure de leurs forces (JACQUES DE SAINTE-BEUVE, *Résolutions de plusieurs cas de conscience*, 1704, p. 633, 637, 639, 640, 644, 645).

La capitation était une contribution personnelle, qui se percevait sur chaque tête sans exception. Le dauphin lui-même y était soumis. Cette taxe datait de la guerre de 1695 et subsista, pour devenir aujourd'hui la contribution personnelle et mobilière (voir le mot *Capitation*, dans le *Dict. des Institut.* de CHÉRUEL).

Les paysans n'aiment pas à débourser. Quand ils pouvaient frustrer un peu le pasteur de la dîme qui faisait son revenu, ils n'y manquaient pas. En 1680, le recteur de Saint-Gondran est obligé de faire appel à la Cour de Rennes (1). Aussi bien, dans les paroisses pauvres, la situation du prêtre fut très dure. Jadis, aux beaux jours du monasticat breton, des religieux desservaient un grand nombre d'églises. Hélas ! les couvents perdirent la noblesse et la vigueur de leur institution première. Et le clergé séculier comprenait au XVIIe siècle un prolétariat, dont la triste condition explique les expédients. Comment, à cette époque, reprocher au clergé rural son ignorance ? Où donc aurait-il trouvé les moyens de s'instruire et les appuis nécessaires à la tâche intellectuelle (2) ? Son défaut principal fut de s'abandonner à la joie factice de méchantes habitudes bretonnes (3). Le temple était

(1) Arrêt du 18 juillet 1680 (*Arrests du P. de B.*, 1731, p. 73).

(2) Dans certaines campagnes, l'ignorance des pasteurs atteignait des proportions difficiles à croire. On prétend qu'en 1600, un aspirant à un canonicat nantais ne put traduire « *nobis orantibus* ». Le fait est vraisemblable (TRAVERS, *Hist. de Nantes*, t. III, 1841, p. 159). Quelques ecclésiastiques semblaient retourner à la barbarie des premiers ancêtres. M. de Kerlivio, grand vicaire de Vannes, faillit être tué d'un coup de pistolet, tiré par un prêtre dont il tâchait de corriger les désordres. Cependant, le XVIIe siècle breton fournit une floraison de recteurs zélés, de missionnaires admirables, et de saints laïques (LOBINEAU, *Les v. des saints de B.*, 1725, p. 346-574; TRESVAUX, *Les v. des saints de B.*, t. V, 1838, p. 1-330).

(3) Tandis que, dans la première moitié du XVe siècle, l'évêque de Dol était obligé d'interdire aux prêtres, trop mêlés à la vie paysanne, de faire raison à leurs amis des santés que ceux-ci portaient, — ce que monseigneur Jean de Bruc appelait : jouer *ad equales haustus*, — les règlements de monseigneur de Hercé pouvaient se contenter d'inscrire les recommandations habituelles, sans insistance toute spéciale (collection de statuts, publiés en 1509, par Mathurin de Plédran, fol. 21. — Statuts pour le diocèse de Dol, publiés dans le synode de 1771, Dol, Caperan, p. 13). Toutefois, au XVIIIe siècle, la correction du clergé séculier n'était pas toujours irréprochable, à ce point de vue. Dans ses statuts de 1710, aux pages 17 et 18, monseigneur de Ploeuc, évêque de Quimper, écrit : « Nous voyons avec douleur que les Ecclésiastiques de nostre diocese, qui doivent garder plus étroitement les régles de la temperance, et de la sobrieté chrétienne, et par cette vertu soûtenir et édifier les Laïques, leur sont dévenus depuis long-temps un sujet de chûte et de scandale : c'est ce qui nous oblige à nous élever avec plus de force contre ces yvrognes scandaleux et criminels aux yeux mesme des libertins ». En 1777, l'évêque de Léon obtient du roi une lettre de cachet pour faire enfermer le sieur Le Goas, si grand buveur qu'on craignait que son cerveau « déjà bien aliéné » ne l'amenât à quelque meurtre ou à quelque profanation des saints mystères (ARCHIV.

misérable; parfois l'autel manquait de tabernacle (1). Au XVIIIe siècle, grâce à la multiplication des collèges et à l'établissement des grands séminaires, les progrès furent sen-

DÉPART. DE RENNES, C. 211). Mais un fait de ce genre, ou la répétition de quelques faits de ce genre, ne suffisent pas pour qualifier un diocèse pendant un siècle entier. Encore moins, de tels accidents atteignent-ils la valeur d'une doctrine religieuse. Dans cette espèce de déréglements, l'aventure la plus frappante fut l'arrestation, en 1788, aux prisons de la marine, à Brest, d'un sieur Daulny, prêtre du diocèse de Quimper, qui, livré à toute sorte de désordres, avait fini par s'engager dans le corps royal des canonniers-matelots (ARCHIV. DÉPART. DE RENNES, C. 230).

(1) L'un des hommes qui ont le mieux connu la campagne au XVIIe siècle, l'un de ceux qui ont fait l'enquête la plus exacte sur l'état moral de la France à cette époque, le Père LEJEUNE, disait : « és villages, le corps adorable de Iesus Christ est logé dans un ciboire de cuivre; son sang precieux dans un calice d'estain plus noir que la tasse d'un valet de cuisine... il n'y a quelque fois qu'une chasuble toute dechirée, une aube qui fait pitié à la voir. » (*Serm. pour les advents*, IIe partie, Paris, 1664; Serm. XLVI, *De l'honneur que la religion nous fait rendre aux eglises*, p. 138). Il est certain que, dans le diocèse de Dol, par exemple, de petites paroisses, — comme celle du Vivier ou de Hirel, — durent se relever difficilement des ruines radicales que la guerre de Cent-Ans y avait produites (DENIFLE, *La désolation des églises en France vers le milieu du XVe siècle*, t. I, 1897, p. 116-117). Mais la négligence des pasteurs doit aussi entrer en ligne de compte pour expliquer la détresse des églises, au temps de Louis XIV. Lorsque Mgr de Rosmadec, évêque de Vannes, nomma Charles de Gouandour à la cure d'Inzinzac, celui-ci « n'y trouva presque point d'ornemens necessaires pour faire l'Office divin, et ce qu'il trouva étoit si mal propre qu'il en eut horreur; les saints autels étoient trés-mal entretenus; à peine s'y trouvoit-il quelque marque que ce fût la maison du Seigneur du ciel et de la terre » (*Le charitable pasteur*, Vennes, Guillaume Le Sieur, 1693. L'auteur de cet opuscule est Robin de Saint-Germain, prêtre de la même contrée). Au reste, nous apprenons que Mgr de Rosmadec visita régulièrement son diocèse (de 1647 à 1671), y rétablit la discipline, en chassa « l'ignorance, l'ivrognerie et rusticité ». Il veilla spécialement à ce que le Saint-Sacrement fût gardé, traité, administré avec respect. « N'ayant trouvé à son entrée aucuns tabernacles en son evesché, il s'en est trouvé à ses dernieres visites plus de cent. » (BIBL. NAT., *Ms. fr. 22359*, p. 75).

Disons-le encore une fois : dans ce lamentable tableau, aucun trait n'est absolument spécial à la Bretagne. M. de Buzanval, qui fut sacré évêque de Beauvais, en 1651, parlait en ces termes devant ses prêtres : J'ai vu le sang précieux de Jésus-Christ « abandonné et croupissant dans des vaisseaux sales et rompus; des églises qui tombent en ruine, destituées d'ornemens... l'on ne garde ni Memoires, ni Registres des batêmes, des mariages... [L'ivrognerie] C'est une chose étrange comme ce vice regne communément dans mon diocese... Disant un jour à des peuples que j'avois interdit à des ecclesiastiques toute fonction dans leurs paroisses, parce qu'ils étoient sujets à s'enyvrer, ils me dirent qu'il falloit donc interdire tous les curez de leur canton... » (*Idée de la vie et de l'esprit de messire Nicolas Choart de Buzanval, evêque et comte de Beauvais*, Paris, chez F. Barrois, 1717, p. 41-45).

sibles (1). Des efforts persévérants furent accomplis par les évêques pour que le prône ne manquât pas de dignité. La proclamation obligatoire des affaires temporelles fut renvoyée à la postcommunion, et les affiches, devenues usuelles, dispensèrent le recteur d'un certain nombre d'annonces profanes (2). A l'approche de la Révolution, les dignitaires

(1) A la fin de la première moitié du XVIIe siècle, il y avait deux grands séminaires en Bretagne : celui du diocèse de Saint-Malo, le premier fondé dans la province, et celui de Nantes. Au cours de la seconde moitié du XVIIe siècle, six autres grands séminaires furent établis. Le dernier grand séminaire qu'on organisa dans nos diocèses bretons fut celui de Dol, qui s'ouvrit au début du XVIIIe siècle (TRESVAUX, *L'église de Bret.*, p. 52, 308, 329, 350, 371; GUILLOTIN DE CORSON, *Pouillé* [Liste des écoles dans les anciens diocèses de Rennes, Dol et Saint-Malo], t. III, 1882, p. 389-486; PEYRON, *Notice historique sur les séminaires de Quimper et de Léon*, 1899 [L'introduction porte sur la formation des clercs avant la fondation des séminaires]; LE MENÉ, *Le séminaire de Vannes* [in *Bullet. de la soc. polymath. du Morbihan*, année 1901, p. 7 et suiv.]; BATTEREL, *Mém. de l'Oratoire*, publié par INGOLD, t. I, 1902, p. 178-212 [notice curieuse sur l'oratorien Achille de Harlay-Sancy, évêque de Saint-Malo, fondateur du premier grand séminaire de Bretagne]; DUINE, *Hist. du livre à Dol*, 1906, p. 22-27). Le XVIIe siècle n'était pas encore achevé, que les bons résultats de la nouvelle préparation du clergé séculier se faisaient sentir. Un prêtre de Vannes pouvait écrire en 1693 : « Il est vray, il le faut avoüer à la gloire de nôtre siecle, que l'Eglise n'a jamais été servie par un plus grand nombre d'Hommes sçavans, qu'elle l'est de nos jours; jamais les sciences n'ont été cultivées avec plus de soin qu'elles le sont à present dans ce Royaume; et la vigilance des Prélats est si grande pour ne donner à leurs Troupeaux que des pasteurs éclairés, qu'on ne voit plus, du moins dans beaucoup d'endroits, ces postes remplis que par des personnes qui ayent donné des marques certaines de leur capacité et doctrine » (*Le charitable pasteur*, Vennes, 1693, p. 113-114).

(2) Au prône, défense de lire « aucuns miracles, billets, ny memoires, si ce n'est pour trés urgente necessité »; défense de lire tout « mandement » qui n'émanerait pas de l'autorité épiscopale ou ne regarderait pas « les affaires du Roy »; les « exploits de justice ou ordonnance d'icelle » ne seront pas annoncés par les recteurs, à moins que ceux-ci n'aient reçu un acte bien « authentique » (*Statuts de Tréguier*, édition de 1685, p. 10). « Les recteurs annonceront au prône les fêtes, jeûnes, offices et fondations de la semaine suivante, et n'y liront point d'Actes concernants les affaires seculieres et témporelles, ce qui pourroit détourner les peuples de l'application qu'ils doivent avoir au saint sacrifice de la messe; nous leurs permettons cependant de les publier avec les monitoires, lors qu'ils y seront obligés, après les oraisons de la postcommunion, et immediatement avant la benediction » (*Ordonnances de Vannes*, édition de 1695, p. 127). « Faisons défenses de publier pendant les messes aucuns Actes concernans les affaires purement seculieres et prophanes : celles qui regardent le public, ou l'execution des ordres du Roy, seront annoncées aprés la post-communion des messes paroissiales » (*Statuts de Quimper*, 1710, p. 39). Les *Statuts de Rennes*, de 1726 (édition in-quarto, p. 43), citent

ecclésiastiques de Bretagne comprenaient enfin le caractère aléatoire de la situation financière parmi ceux qui formaient « le bas clergé », et cherchaient à leur assurer « de quoi subsister honnêtement [1] ». Consulté par les prélats, à

un édit royal de 1695, enregistré par le parlement de Bretagne, et dispensant les ecclésiastiques « de publier aux prônes, ni pendant l'office divin, les actes de justice et autres qui regardent l'interêt particulier de nos Sujets. Voulons que les publications qui en seront faites par des Huissiers, Sergens, ou Notaires, à l'issûë des grand'messes de paroisses, avec les *affiches* qui en seront par eux posées aux grandes portes des eglises, soient de pareille force et valeur, même pour les Décrets, que si lesdites publications avoient été faites ausdits prônes ».

Pendant la Révolution, les administrations demandèrent au clergé constitutionnel de donner en chaire divers avertissements officiels. Ainsi, le 16 janvier 1793, le district de Dol prie les communes de son ressort d'annoncer « au prône » de la « grand messe » certains impôts à payer (Archiv. départ. de Rennes, *District de Dol*, série L, n° 22; correspondance du procureur-syndic et agent national).

Avec le régime du Concordat, sous le premier Empire, on espéra que l'Eglise allait devenir une puissante machine gouvernementale. L'an XIII, le préfet de Rouen jugeait fort mauvais que les prêtres se refusassent de « lire au prône les bulletins des armées et les lettres du ministre » (*Un préfet du Consulat*, dans le *Journal des Débats*, numéro du 17 mai 1907).

(1) Le concile de Trente voulait, avec grande sagesse, que les postulants aux ordres sacrés possédassent un revenu, qui les aidât à donner à leur vie quelque dignité. Et dans ses *statuts de 1741* (au paragraphe V), Mgr de Sourches, évêque de Dol, — l'un des prélats qui ont fait le plus d'honneur à l'église de Bretagne, pendant le XVIIIe siècle, — disait : « Sans avoir égard à l'usage jusqu'à présent pratiqué dans notre diocèse, de n'exiger pour titre clerical que la somme de soixante livres de rente, attendu qu'un Ecclesiastique ne peut plus vivre ni étudier avec si peu de revenu, défendons à tous aspirans au soûdiaconat, de s'y présenter, s'ils n'ont pas réellement le titre et la joüissance paisible d'un bénéfice de valeur de cent livres de revenu annuel, franchement venant, toutes charges réelles et passives déduites, dont ils justifieront; ou, au défaut de benefice, le même revenu en patrimoine réel et effectif, franchement venant, ou en rente viagere bien assurée, sans fraude et sans collusion; autrement ils demeureront suspens des Ordres ainsi reçûs, sans pouvoir esperer de monter plus haut ». Dans ses *statuts de 1771* (p. 8), Mgr de Hercé, évêque de Dol, revint à l'ancienne règle « de soixante livres de revenu fixe et assuré ». Mais ce pieux et généreux prélat comprenait certainement les difficultés matérielles dans lesquelles vivait le clergé des campagnes (Robert, *Urbain de Hercé*, Paris, 1900, p. 77). Certes, il y a une sainte et noble pauvreté; mais il y a non moins une *turpis egestas*, qui déshonore le sacerdoce et que l'épiscopat doit combattre. M. Le Nobletz, le missionnaire héroïque de la Bretagne, dans la première moitié du XVIIe siècle, considérait comme un écueil de l'état ecclésiastique « la trop grande pauvreté, qui réduit ceux qui n'ont pas de quoi vivre honnêtement, à faire des bassesses messéantes à leur dignité, et à mener une vie distraite, servile... » (Lobineau, *Vies des saints de Bret.*, 1725, p. 408).

l'époque des visites pastorales, le général pouvait soumettre d'utiles remarques et recevoir de précieux conseils (1).

Quelques chartes du XIe siècle nous présentent des assemblées de paroisse. On consulte ces dernières; on les prend à témoin; on les prie de se porter garantes. Entre ceux dont on appose les noms au bas d'un contrat, figurent un meunier, un carrossier, qui étaient présents (2). L'association paroissiale se développa et se précisa peu à peu, avec les besoins du Trésor et l'activité de l'Administration (3). Au début du XVe siècle, nous la voyons se transformer en véritable communauté de ville (4). Pourtant, c'est au XVIe siècle, surtout,

(1) Le 18 juillet 1771, Mgr Bareau de Girac, faisant sa première visite à Saint-Martin de Vitré, laissa une ordonnance, que le recteur lut en chaire, à la grand'messe du 28 juillet. Dans cette ordonnance, le prélat indiquait toute une série de réparations matérielles à exécuter, demandait quelques achats utiles, l'établissement d'un inventaire des titres et papiers, la nomination d'un « procureur terrier », qui serait chargé de dresser un bon tableau des fondations et réclamerait aux débiteurs « des actes de reconnoissance » (*Registres du général de Saint-Martin de Vitré*, délibération du 28 juillet 1771. — Dans la séance du 7 juillet, le général avait préparé une requête, qui devait être soumise à l'évêque).

(2) *Coram tota parroechia, unde etiam parrhochiam fidejussorem dedit* (charte de 1080 environ); *in plenaria parroechia* (charte de 1100), dans Aurélien de Courson, *Cartul. de l'abbaye de Redon*, Paris, 1863, p. 294-295, 266-268. — Babeau, *Le village s. l'anc. rég.*, 1879, p. 13.

(3) Dupuy, *Etud. sur l'administrat. municip. en Bret.*, Ire partie, p. 9. — Sur le développement du laïcisme dans l'administration temporelle de l'Eglise, Thomassin a composé un chapitre d'érudition (*Discipline de l'Eglise*, édition de 1725, t. III, col. 856-865). — Il faut avouer que le général, tel que le parlement de Bretagne le voulait vers la fin du XVIIIe siècle, était contraire aux anciennes règles canoniques. L'alliance du trône et de l'autel, la confiance du sacerdoce dans la piété du prince expliquent la soumission (quoique revêche) du monde ecclésiastique, devant une réglementation civile, qui poussait en certains cas jusqu'au ridicule son ingérence dans le domaine clérical. Le plein épanouissement de ce système monarchique produisit *la constitution civile du clergé*.

(4) Nous connaissons les « trésoriers et fabriciens » de Ploërmel en 1435; nous voyons, cette même année, « la congrégation du peuple » assemblée un dimanche, à la fin de la grand'messe, pour délibérer sur une affaire que lui soumet certain seigneur, et qui intéresse la paroisse; l'évêque de Saint-Malo approuve la délibération. Quelques années après, l'assemblée révoque son « procureur », dont l'attitude lui déplait (S. Ropartz, *Notice sur la ville de Ploërmel*, 1864, p. 65-72). Il est possible, pour cette cité, de suivre la transformation du conseil de paroisse en communauté de ville. Au XVIIe siècle, celle-ci continue d'exercer les attributions spéciales du général (*eod. loc.*, p. 72-74).

Parmi les plus anciennes délibérations qui nous soient parvenues, nous placerons celle des paroissiens de Brélévenez, en 1466, celle des paroissiens

et au commencement du XVIIe que se constituèrent les municipalités bretonnes (1). Tantôt, elles continuèrent, comme à Ploërmel, de remplir la charge des fabriciens; tantôt, elles vécurent, comme à Vitré, à côté d'un général. Notre-Dame, en effet, possédait un corps d'échevins et un conseil de paroisse. A quelle époque le général de Saint-Martin, en outre, commença-t-il de fonctionner ? Je l'ignore (2). Peut-être ne forma-t-il d'abord qu'un épanouissement de l'importante confrérie de la Conception (3). Toujours est-il qu'aux

de Plémy, en 1478, celle des paroissiens d'Erquy, en 1516. La scène se passe toujours au prône de la grand'messe, et, dans l'église d'Erquy, les *paroissiennes* prennent part à l'examen des affaires locales (ALAIN RAISON DU CLEUZIOU, *Trois actes pronaux*, dans la *Rev. de Bret.*, année 1905, t. XXXIII, p. 398; t. XXXIV, p. 66).

(1) DUPUY, *loc. cit.*, p. 9-10. Au tome IV de l'*Hist. de Bret.* (par LA BORDERIE et BARTHÉLEMY POCQUET, Rennes, 1906, p. 274), on montre comment, sous le règne de Jean V, les institutions municipales prirent dans notre province un notable développement. Dans ces pages, on cite les bonnes *Etudes sur les communautés de villes*, par P. DE LA BIGNE-VILLENEUVE, qui, malheureusement, n'a scruté que l'histoire rennaise (*Association bretonne*, session tenue à Vitré en 1876, p. 59-85). Pour le XVIe siècle, nous possédons le travail distingué de M. CH. LARONZE, *Essai sur le régime municipal en Bretagne pendant les guerres de religion* (Paris, Hachette, 1890, in-8° de 273 pages).

Il ne faudrait pas s'imaginer que le parlement de Bretagne réussit du premier coup à imposer ses règlements aux généraux. Ceux-ci constituaient des organismes nés avec la vie paroissiale, et qui ne pouvaient se débarrasser que lentement des formes capricieuses que l'évolution de l'histoire locale leur avait imprimées. — Voici, par exemple, comment les choses se passent au Mont-Dol, vers le milieu du XVIIe siècle, d'après un acte du 10 mars 1652 (qui m'a été communiqué par le possesseur). On tient le *prône* avant le service divin, aussitôt après la procession du dimanche. *Y prennent part :* le recteur, deux prêtres de l'endroit, un clerc minoré, treize personnes qui sont nommées dans le document, et « plusieurs autres », toutes représentant le général de la paroisse. *On délibère* sur une rente fondée par feue Gillette Regnault. Puis *on signe* la pièce. Toutefois, « encor que plusieurs scachent signer », afin d'éviter la « multiplicitté des signes », Pierre Parys, « sergent particullier » de l'assemblée, est requis de poser, au nom de celle-ci, sa signature. Souscrivirent à côté, « chacun pour son respect », le recteur, les deux prêtres, le mari de la donatrice, et le notaire.

(2) Pour trop de lieux, les documents nous font défaut. C'est une bonne fortune quand on rencontre des registres du général, écrits au XVIe siècle. M. FRAIN DE LA GAULAYRIE a montré l'heureux parti qu'un érudit peut tirer des comptes paroissiaux (*Une paroisse du vitréais : Pocé*, Vitré, 1905, p. 10 et suiv.).

(3) La confrérie a souvent été le premier noyau de la paroisse (DUPUY, *loc. cit.*, p. 6, 7, 8. — La remarque du savant historien sur les luttes de Plouzané avec Locmaria, pendant le XVIIIe siècle, pourrait être répétée au sujet des luttes de Notre-Dame avec Saint-Martin, pendant le

premières années du XVIe siècle, Saint-Martin n'était pas encore considéré comme paroisse, mais plutôt comme une sorte de grande succursale de Notre-Dame (1). Depuis la fin du XVIIe siècle, l'église hors les murs affirme de plus en plus sa personnalité.

Bien que l'instruction des membres de l'association martinienne semble plutôt médiocre, — l'aristocratie et la bourgeoisie appartenaient à Notre-Dame, principalement, — bien que plusieurs signatures révèlent des personnes à peu près illettrées, le sens pratique de cette assemblée est remarquable. On saisit comment ces réunions offraient une école politique pour le peuple et le préparaient à participer plus largement à la vie nationale. Telle délibération reste un chef-d'œuvre de tact et de possession de soi-même. Les revendications à la veille des Etats généraux sont justes et modérées. Le mouvement français et chrétien de 1789 donna à Saint-Martin l'égalité civile, et le concordat, pacte politique d'un homme de génie, lui assura une vie paroissiale, indépendante de l'église voisine, qui était l'église-mère (2).

Aujourd'hui que, par suite de l'évolution fatale des choses, l'Eglise gallicane vient d'être séparée de l'Etat, l'ancien général des paroisses bretonnes revivra-t-il sous des formes rajeunies ? Laissez-moi, disait hier un académicien distingué, « laissez-moi caresser le rêve d'une Eglise de France, où les pasteurs vivraient en communion intime avec les fidèles et n'apparaîtraient point à leurs yeux comme de lointains fonctionnaires au sort desquels on aurait le droit de ne point s'intéresser, où les fidèles eux-mêmes ne seraient pas con-

XIXe siècle). Au XVIIIe siècle, le général martinien élisait les prévôts « de la confrairie de l'Immaculée Conception de la Ste Vierge ». Ces prévôts étaient au nombre de trois. D'après un vieil usage, l'un des trois appartenait à « la paroisse Notre-Dame » (voir la *séance du 10 janvier 1779*).

(1) Au commencement du XVe siècle, Saint-Martin est absolument inconnu en tant que paroisse (Lesquen et Mollat, *Mesures fiscales exercées en Bretagne par les papes d'Avignon*, dans les *Annal. de Bret.*, janvier 1903, p. 205). Au début du XVIe siècle, le chapelain de Saint-Martin est encore absorbé par le doyen de Notre-Dame (Guillotin de Corson, *Pouillé de Rennes*, t. I, p. 365, 371; t. VI, p. 488 et 488[3]).

(2) Voir dans Potier, *loc. cit.*, p. 33-43, le chapitre consacré aux succursales.

sidérés comme un troupeau muet de contribuables, mais se verraient au contraire associés, dans la mesure où le respect de la hiérarchie le permettrait, à l'administration des biens temporels, où la maison de Dieu bâtie, entretenue, ornée aux frais de tous, demeurerait la maison de tous [1]. »

Mais quittons l'actualité ! Et cherchons, à travers les vénérables papiers, les occupations et les préoccupations du général de Saint-Martin, ses ennuis et ses joies; nous terminerons en évoquant des journées et des transformations qu'il n'avait point entrevues dans ses songes les plus singuliers.

EPHÉMÉRIDES.

Juillet 1693. — Dans le compte de sa gestion de juillet 1692 à juillet 1693, rendu par « noble homme André Morel, » sieur de la Loris, cy-devant tresorier et marguillier » de l'eglise et paroisse de Saint-Martin de Vitré », nous trouvons :

(1) Réponse du comte d'Haussonville, directeur de l'Académie, au discours du cardinal Mathieu, prononcé dans la séance du 7 février 1907. Un autre académicien, catholique d'un mérite incontestable, vient, lui aussi, de faire remarquer à quel point le clergé français serait imprudent de mettre complètement les laïques en dehors de sa nouvelle organisation. Un prêtre oublie son rôle quand il se transforme en exacteur d'impôts (*Journal des Débats*, 11 mai 1907, « Un article sur la séparation »). Et, parmi les fidèles, combien, qui tendent les bras vers le passé au lieu de préparer le lendemain, méditeraient avec fruit l'excellent article que La Mennais écrivit le 18 octobre 1830, et qu'il intitula « De la séparation de l'Eglise et de l'Etat » (*Troisièmes mélanges*, 1835, p. 109-119).

A titre de curiosité historique, signalons une brochure écrite peu de jours avant le vote de la loi de séparation, et qui s'efforçait d'établir que *l'association cultuelle* serait une résurrection républicaine du général de paroisse (Delarue, Moines et clergé séculier, *Etude sur l'origine et la destinée des biens ecclésiastiques*, Haize, St-Servan, 1905, broch. in-8° de 14 p.). Il y aurait en effet une étude sérieuse à composer sur l'ancien général, bien mort, et sur l'association cultuelle, rejetée par le Vatican Ce sont les mêmes circonstances politiques qui ont inspiré à M. l'abbé J. Rouxel l'idée de faire son intéressant article intitulé : *Un général de paroisse sous l'ancien régime* (dans la *Revue Morbihannaise*, novembre 1905). Un peu plus tard, le même recueil a inséré du même auteur une notice sur *les marguilliers au XVIIIe siècle*. On a dépouillé pour ces publications les archives paroissiales de Marzan. M. J. Rouxel vient enfin d'analyser les délibérations du *général de la paroisse de Bignan* (dans la *Revue Morbihannaise*, avril 1907).

» Plus ledit comptable demande descharge de trente » sept livres six sous, qu'il a payé à Francois Jolly et » Francois Baltazart, serviteurs de ladite Eglise, tant » pour leurs gages ordinaires de servir en ladite Eglise, » port de la banniere, distribution du pain benist, pour » avoir **tendu et destendu de tapisseries ladite Eglise aux** » **festes solemnelles,** fourby les chandeliers, freslonné » l'eglise (1), couvert les images au temps de la Passion, » et autres; plus, a rembourcé audit Jolly pour de la » gresse à servir aux cloches et pour avoir **sonné une** » **fois pendant le tonnere** vingt cinq sous faisant en- » semble trente huit livres onze sous............ 38 l. 11 s.

Décembre 1698. — « Je sousigné Perrine Rotier, damoiselle » de Roupigné, paroissiene de Sainct Martin de Vitré, » declare que pour le bon zele de charité que j'ay à ma » dite paroisse donner à jamai à icelle paroisse **huit pieces** » **de tapisseries de haute lisse,** qui est la **vie d'Alexandre,** » que j'ay achetée à la vante des meubles de defunct » monsieur du Verger Bois le baux, **pour servir, tandre** » **et orner l'eglise de Sainct Martin,** toutefois qu'il en » sera necessaire, sans que aucuns de mes heritiers en » puissent tirer aucune consequence. Car tel est mon » vouloir, supliant seulement les paroissiens de consentir » que je jouisse et dispose d'une chaire, proche du bans » de la Conception, pour m'y assoir à ma vie durante, » sans en payer aucun entretien. Et prie messieurs les » recteurs de me donner les prieres et pour mes parents » aux prosnes des grand messes des 4 principales festes » de l'année, sans etre nommée que apres mon deces. » A Vitré, le 4e decembre 1698. »

Février 1700. — Dans sa délibération du 7 février 1700, le général prit une mesure concernant les bancs et chaises de l'église. Cette décision fut approuvée quelques jours après, sur le registre de l'assemblée, et de sa propre main,

(1) Dans les comptes, on mentionne à plusieurs reprises des achats de « **gaulles à freslonner** ».

par le seigneur du Châtelet [1], ainsi qu'il suit : « Nous, » seigneur marquis du Chastelet, **seigneur fondateur et » haut justicier de l'Eglise parochiale de St Martin lez » Vitré,** ayant veu et examiné la deliberation de tous » messieurs les thresoriers et bourgeois de ladite paroisse » de St Martin, dans laquelle presidoit missire Bidaut, » leurs recteur, l'avons trouvée non seulement equitable, » mais utile au publique, et bienseante pour le service » divin; et à cet effect voulons qu'elle soit executée selon » sa forme et teneur; en foi de quoi avons signé ce present » consentement, et aposé le sceau de nos armes. Fait » dans nostre chasteau du Chastelet, ce onziesme fevrier » mil sept cens. » Le cachet de cire rouge porte : *de sable au lion morné d'argent.* — Signé : **Le marquis du Chastelet.**

Août 1710. — Le samedi 16 août 1710, « venerable et discret » misire Thomas Trotin, sieur de la Duchais, prestre, » chaplain de l'hopital general dudit Vitré [2] », fait par devant notaires son testament : « Premier, recommande » son ame à Dieu le pere tout puissant, le supliant de la » colloquer au rang des Biensheureux, comme ausy su- » plie la sainte vierge Marie d'etre son avocate, son bon » ange gardien, St Thomas son patron, touts les saints » et saintes, auxquels il a eu devotion pendant sa vie, » de prier Dieu pour luy dans ce dernier moment. — » Après avoir rendu son ame à Dieu qui la luy a donnée, » et la metant entre les mains de sa misericorde pour le » temps et pour l'eternité, desire, son decès étant arrivé,

(1) La seigneurie du Châtelet, en Balazé, appartint aux Sévigné, puis à la famille Hay (voir Guillotin de Corson, *Les grandes seigneuries de Haute-Bretagne*, 2e série, Rennes, 1898, p. 111-118; Paris-Jallobert, A. R. P. de Bret., *Eglise protestante de Vitré*, Rennes, 1890, p. 78; et *Vitré*, Rennes, 1895-1896, article : Hay). Sur l'académicien Paul Hay du Chastelet (1592-1636), voir *Anthologie des poètes bretons du XVIIe siècle*, par Halgan, Gourcuff et Kerviler, Nantes, Soc. des biblioph. bret., 1884, p. 93-112; et sur Mlle Hay des Nétumières, qui édifia la ville de Rennes (1754-1788), voir Tresvaux, *Vies des saints de Bret.*, t. V, p. 483-486.

(2) L'Hôpital-Général, qui se trouve dans la rue de Paris, faisait anciennement partie de la paroisse Saint-Martin.

» que son corps soit inhumé et mis soubs la grosse piere » de l'authel St Sebastien de l'eglise de Saint Martin dudit » Vitré, soubs les pieds du cellebrant, laquelle il y a fait » metre pour cet éfet, l'ouverture de l'eglise luy devant » être donnée gratis, à causes des dons et fondations » qu'il a faites à ladite Eglise de la confrairie du saint » Esprit (1) et de la benediction du tres St Sacrement de

(1) Les archives paroissiales de Saint-Martin possèdent le texte original des indulgences accordées par Rome à la confrérie du Saint-Esprit, et une pancarte de l'année 1683 indiquant en français les faveurs spirituelles concédées par le pape Innocent XI à cette « pieuse et devote » sodalité. Celle-ci fut établie pour tous les fidèles, « non toutefois pour personnes d'une seule profession ou métier particulier ». Les associations de ce genre, ouvertes à tous, étaient nombreuses à Saint-Martin : celle de la Conception, fort ancienne, jouissait d'une vive popularité; je rencontre celle des Défunts, celle du Port du Saint-Sacrement (*). Dans un passage, je vois mention des « confrères boulangers »; mais, si je ne me trompe, la plupart des confréries de métiers avaient leur siège à Notre-Dame de Vitré.

Derrière la pancarte de 1683, on a tracé à la main les lignes suivantes :

EPITAPHE DE MESSIRE THOMAS TROTIN
PRETRE ET SACRISTE DE SAINCT MARTIN (**).

Passant arreste icy je ne veux qu'un moment
Pour t aprendre quel est ce triste monument
C'est celuy d un discret et venerable prestre
Que dans cette paroisse on vit autrefois naistre
Il fut des indigens l'azile general
Il consacra son cœur ses biens a l'hopital
Cette Eglise en resent les marques venerables
Par ses fondations amples et veritables
Jesus est adoré dans son Saint Sacrement
Tous les Ieudis de l an de tous publiquement
Et du divin Esprit la saincte confrairie
Sont les vrais monuments qui couronnent sa vie.
Passant dis un deprofundis
Pour le conduire en paradis

Requiescat in pace.
Amen.

(*) Sur les débuts difficiles de cette confrérie martinienne du port du Saint-Sacrement aux malades, voir ANT. DUPUY, *loc. cit.*, Ire part., p. 114-115.

(**) Dans un compte de juillet 1707 à juillet 1708, je lis :

« Pour les gages de Monsieur Trotin prebtre sacriste de ladite Eglise, dix livres... 10 l. ».

M. Trotin abandonna cette fonction le 2 novembre 1709. — Il était âgé de 66 ans quand il testa.

Potier de la Germondaye (*loc. cit.*, p. 299-303) examine avec soin la situation du sacriste, « ecclésiastique chargé du dépôt des ornemens et vases sacrés d'une Eglise, et de la recette des droits de la Fabrique et des Prêtres ».

» l'authel au iour de jeudy de chaque semaine. » M. Trotin règle le nombre de glas, puis convoque à son convoi les prêtres des trois paroisses, avec les Augustins, les Jacobins et les Hôpitaux. On distribuera « à chacun pauvre du dehors, hommes, femmes, garçons ou filles, qui auront assisté à sa sepulture, un sol » et « à chaque prestre » un cierge du luminaire. M. Trotin réserve « cinquante livres » pour faire célébrer « cent messes pour le répos de son ame, ses parents, amis et bienfaiteurs, vivants et trépassés ». Il offre **un legs à l'hôpital général** pour construire « une eglise ou chapelle ». Il destine une somme « de deux cent livres ou environ » à des répartitions charitables; on emploiera cet argent, partie en aumônes jugées opportunes, partie « en toilles pour être fait des chemises, iustes-au-corps, culotes, et chausses », qui serviront aux nécessiteux, « lesquelz n'auront pas de linges pour se coûvrir. »

Juillet 1714. — Dans le compte de juillet 1713 à juillet 1714, on lit : « A Collin, vitrier, pour **reparation des vittres de** » **l'eglise,** que le nommé Bouton, pauvre carent de sens, » auroit cassé, la somme de dix livre, suivant l'aquit » dudit Collin du 6e may 1714............................ 10 l.

Octobre 1716. — Le 11 octobre de cette année, « les dis tre» soriers et marguilliers en charge ont remontré que les » segretains (1) ou serviteurs de cette eglise, pour s'exemp» ter de la peine de sonner eux mesme les cloches, intro» duisent freqemment dans le clocher au-x (2) fetes » solemnelle, particullierement à la fete et octave du saint » Sacrement et à la Toussaint, des gens de bonne volonté, » le plus souvent epris de boite (3), qui, **pour le seul plaisir**

(1) Ce terme est usité fréquemment dans les registres de Saint-Martin.

(2) *Sic.*

(3) Dans son *Dict. des locut. popul. du pays de Rennes*, M. Coulabin cite l'adjectif *boitte* avec le sens de *ivre.*

M. Babeau dit que les cloches étaient souvent brisées « par suite de l'inexpérience et de la vivacité des sonneurs » (*Le village sous l'ancien régime*, 1879, p. 113). Mgr de la Vieuxville Pourpris eût été tout à fait de cet avis. Ce prélat, à propos des cloches, écrivait : il est important « qu'on

» **de sonner,** plus tost que pour exiter la devotion des » fidelle, sonnent les cloches si long-temps et avec tant » de force et ardeur que, si leur licence continue, ils » pouront casser quelque une desdite cloche, particul- » lierement la grosse sur laquelle ils font ordinairement » leurs plus grands efforts; ce qui jeteroit dans un terrible » embaras, parce que la fabrique extremement pauvre » et beaucoup endettée ne pouroit fournir à la refonte » des cloches qui seroient cassées, et encore moins pou- » roit-on en prendre la depence sur les fonds et heritage » situés en cette paroisse, **le public etant chargé d'une » infinité de taxes qui l'epuisent et luy otent le pouvoir » d'en payer de nouvelles;** c'est pourquoy ils ont cru » devoir en faire leur remontrance à l'assemblée affin » que par sa prudence elle y aporte le remede neces- » saire. » D'où suit un règlement sur les sonneries, que l'on priera « messieurs les juge de police... d'emologuer ».

Juillet 1717. — Dans le compte de juillet 1716 à juillet 1717, on lit : « un **ballay de St Malo**.......................... 6 s.

Avril 1745. — Le 13 avril de cette année, on découvrit un nouveau-né « sous le chapiteau [1] » de l'église. « Mrs les juges du Chatelet en Ballazé » le firent mettre **chez une nourrice, aux frais de la paroisse** [2]. Grand mécontente-.

évite les inconveniens qui causent des dépenses considerables aux fabriques, lorsqu'on est obligé de refondre des cloches qui souvent ne sont cassées que faute d'observer l'ordre et la methode de la sonnerie : nous ordonnons qu'à l'avenir les cloches ne seront sonnées que par celui que le recteur et les paroissiens auront, selon l'usage ordinaire, choisi pour sonneur, ou par personnes commises par le sonneur, auquel nous defendons de souffrir que les enfans montent confusément au clocher, sous peine de répondre en privé nom de tous les évenemens fâcheux qui en pourroient arriver... » (*Statuts de Saint-Brieuc*, de 1723, p. 61).

(1) Les registres emploient aussi la forme « *chapitereau* ». A Dol, le peuple dit encore aujourd'hui « le *chapitret* de l'église ». Ce mot désigne le *portail*.

(2) En Bretagne, explique Potier de la Germondaye, « les seigneurs ne sont point tenus, comme dans plusieurs autres endroits du royaume, de pourvoir à la subsistance des enfans exposés dans l'étendue de leurs Justices. L'article 533 de la Coutume, impose cette obligation aux généraux des paroisses où ces enfans sont trouvés... » (*loc. cit.*, p. 360-361).

ment du général, qui ergota le mieux et le plus longtemps possible.

Octobre 1748. — Le 26 octobre 1748, « le general de cette » paroisse assemblé à l'extraordinaire attendu la celerité » du fait... le s[r] Simon, tresorier, a representé une denon- » ciation luy faite le jour d'hier, a requete des tresoriers » de la paroisse de la Chapelle d'Erbrée, pour obliger les » habitants de cette paroisse d'aller garder en differents » postes, pour opposer le **passage des betes à corne de** » **la province du Maine** en celle de Bretagne... A eté d'avis » de faire repporter dès aujourd'huy la dite signification » aux tresoriers des campagnes de cette paroisse, qui fait » un corps distinct et separé de celui-ci, et que pareilles » affaires concernent, et non ce general qui a un gouver- » nement separé de celui des tresoriers de campagne(1)... »

Janvier 1755. — Des discussions s'étaient élevées **au sujet d'un banc nouveau** et à la suite du déplacement d'un autre banc. Affaire délicate dans les églises d'aujourd'hui, mais grosse question sous l'Ancien Régime. Etiquette et vanité! « Surquoy deliberant et apres avoir donné lecture d'un

(1) « Quoique les généraux de paroisse n'aient pas à débattre des intérêts aussi considérables que les corps de ville, leurs séances ne manquent pas d'une certaine solennité. Les assemblées sont toujours convoquées huit jours d'avance, au prône de la grand messe, par le recteur ou le curé, qui indique en même temps l'objet de la délibération. Elles doivent se tenir dans un lieu décent... Elles se tiennent généralement dans la sacristie... *Le général de campagne de Saint-Martin de Vitré délibère sur une tombe du cimetière, parce que le général de la ville accapare l'église et la sacristie...* » (Ant. Dupuy, *loc. cit.*, première partie, p. 139). Saint-Martin avait en effet une organisation très particulière; la paroisse possédait « deux généraux et trois marguilliers : un général et deux marguilliers pour la partie urbaine; un général et un seul marguillier pour la banlieue » (*cod. loc.*, p. 98). — Dans sa délibération du 18 mai 1788 (pour prendre un exemple), le général choisit comme trésoriers Alexis Tizon, Guy Martin, fils, et Etienne Gaumerais, le jeune, « pour en exercer les fonctions pendant le temps de trois ans ». Et les élus remplissent leur charge tour à tour, chacun durant une année, ou, pour employer la locution des Martiniens dans leur séance du 26 mai 1782, « chasques pendant un an ». Aucune pièce ne me permet de dire que l'un de ces trois personnages ait servi de marguillier au général de campagne, ni même que le général de campagne existât encore. Aussi bien n'ai-je pu consulter que des archives incomplètes.

» memoire de monsieur le marquis des Netumieres, pour » le bon ordre de la paroisse, prevenir la desunion et la » discorde, à cause de ceux qui pouroient avoir quelques » mécontentement et sujets de plainte de la construction » du banc des tresoriers et du derangement de ceux dont » est fait mention... il a esté arresté que pour la decision » du tout le general s'en raporte dès à present à l'avis » de monsieur le **marquis des Netumieres, seigneur fon-» dateur** de cette paroisse, et dont sera fait le raport à la » premiere assemblée... » Ainsi fut réglé, le 5 janvier 1755. Mais, le 26 janvier, le général sut que le marquis lui abandonnait la solution de ces disputes; et ledit général, ne voulant pas entrer en procès, laissa les parties libres d'agir à leurs risques et périls.

Janvier 1761. — Naquit le 12 janvier 1761, et le lendemain fut baptisé sur les fonts de l'église Saint-Martin, **René-Jean-Sébastien Breteau de la Guereterie** (1). Avant la Révolution, il fut vicaire à St Germain de Rennes. Il passa les derniers mois de 1792 à Paris. Revenu en Bretagne au commencement de l'année suivante, il ne cessa pas d'exercer son ministère dans sa ville natale. A partir de 1798, il eut le titre de curé d'office de Notre-Dame et de Saint-Martin (2). Après le concordat, nommé curé de cette dernière paroisse, il y fut installé le 6 août 1803. Il mourut subitement le 28 octobre 1840 (3).

Son souvenir est toujours populaire. C'est le saint de Vitré. Dans toutes les vieilles maisons, on garde des lithographies qui représentent ce vénérable prêtre en chaire, ou sur son lit de mort. Les anciennes gens se redisent avec respect quelques-unes des paroles qu'il prononça. La tombe où il repose est un lieu de pèlerinage.

(1) PARIS-JALLOBERT, *Journal de Vitré*, p. 364.

(2) Dès le début de 1801, mais non pas antérieurement, je rencontre la signature de « *Breteau de la Gueretterie curé d'office* ».

(3) LEVOT, *Biographie breton.*, 1852, t. I, p. 181. — LA MENNAIS parle d' « une lettre charmante » de M. de la Guéretterie (A l'abbé Jean, 6 juillet 1814; Œuvres inédites, publiées par Blaize, t. I, 1866, p. 148).

Des légendes fleurissent son nom... Durant les plus mauvais jours, m'a-t-on raconté, M. Breteau de la Guereterie trouvait asile chez la mère du régicide, M. Beaugeard de la Morinays. Celui-ci demeurait sur la place de la Halle-aux-Blés. Au fond d'une petite cour, derrière une maison du flanc oriental de la place, se trouve un appartement détaché, qui servait de cachette au prêtre. Le révolutionnaire ne l'ignorait pas. Parfois il disait à sa mère : « Je sais ! mais je ne veux pas te faire de peine ! » Plus tard, M. de la Guereterie tentera vainement de convertir M. Beaugeard. Et le cadavre du conventionnel fut conduit au cimetière sur l'affût d'un canon et sous le drapeau tricolore. — J'ai visité ce coin mystérieux du vieux Vitré, qui s'en va !...

Juillet 1768. — Le **monastère des Dominicains** ne comprenait que quatre religieux, à raison de la modicité de ses revenus. Or, un édit récent ordonnait, sauf des cas particuliers, que seraient supprimés tous les monastères qui ne renfermeraient pas au moins huit religieux, non compris le prieur. Pourtant, le général désire conserver le couvent vitréen, parce que « les paroissiens et habittans » de cette paroisse egallement que des autres de la ville » de Vitré et celles voisines reçoivent avec edification les » instructions des reverends peres dominiquains, fondés » et etablis à l'extremité du faux bourg St Martin, par » leur exactitude à leurs offices pour le service divin, » leur zele pour assister les pauvres et se rendre aupres » des malades, leurs predications eloquentes et patetiques, ordinaires et frequente, qui attire le plus grand » nombre de la ville et fauxbourg de Vitré, et singu» lierement ceux du faux bourg et abittans de cette pa» roisse, où il n'y a le plus souvent en la même paroisse » que deux à trois prestres desservants, le general a una» nimement arresté de suplier monseigneur l'evesque de » Rennes de solliciter aupres de Sa Majesté la conser» vation du monastere des dominiquains de Vitré dans » l'etat actuel... »

C'était habituellement un dominicain qui prêchait les deux sermons de la grande fête de la Conception de la Vierge (l'un des sermons, au jour de la solennité; l'autre, au jour de l'octave). **Le prédicateur recevait 6 livres** pour honoraires.

Juillet 1769. — Le général charge son trésorier, le 2 juillet 1769, d'attester à M. de la Plesse Thomas, sénéchal de la baronnie de Vitré [1], « qu'il ne possede aucun fonds affecté » **aumones aux pauvres;** qu'il a l'attention de faire deman- » der par l'un des tresoriers de cette paroisse chasque » dimanches autour de l'eglise de cette paroisse, pendant » le chant de la grande messe paroissialle, des aumônes » pour les pauvres malades au lit de cette paroisse; que » les charités sont modiques tellement qu'elles ne pro- » duisent pas plus de trois livres par an; que la distri- » bution s'en fait à fur et à mesure de ce que le tresorier » reçoit pour les pauvres malades. »

Mars 1772. — L'évêque de Rennes avait fait sa visite l'année précédente. Il prescrivit, entre autres choses, de mettre en bon état la grande porte d'entrée du cimetière. Elle n'était pas « bien fermante ». Certes, une restauration s'imposait. Mais le général martinien de réfléchir ! Il nous en fait la confidence dans sa délibération du 22 mars 1772. Est-ce que le cimetière n'était pas commun aux deux grandes paroisses ? Est-ce que le général de Notre-Dame ne percevait pas des rentes et n'exigeait pas des droits, qui, manifestement, le rendaient « seul tenu » de débourser [2] ?

Les cimetières, entourant les églises, devenaient facilement un lieu de réunion et constituaient le forum du village. Au premier quart du XVe siècle, les gens du pays

(1) Joseph Thomas, sieur de la Plesse et de Maurepas, sénéchal de Vitré, subdélégué de l'Intendance de Bretagne. Son fils, Paul-Alexis, né en 1749, fera figure comme sous-préfet de l'Empire.

(2) Sur les revenus que la fabrique de Notre-Dame tirait du cimetière de Saint-Martin, voir l'étude que La Borderie a consacrée aux paroisses de Vitré (*Association bretonne, session tenue à Vitré en 1876*, Saint-Brieuc, Prud'homme, 1877, p. 158).

dolois étaient si passionnés pour le jeu de paume, qu'ils se servaient non seulement du cimetière pour leurs ébats, mais encore de l'église, dont ils envahissaient la nef ou dont ils escaladaient les toits. Et c'était des cris et des blasphèmes ! Maintes fois, des dommages en résultaient « pour la Fabrique et les Paroissiens [1] », pour le général, comme on dira plus tard. Même à la fin du XVIIIe siècle, l'évêque de Dol était obligé d'interdire les « foires » et les « marchés » dans le cimetière, et réclamait qu'on défendît ce lieu béni, par des murs ou des haies solides, contre les envahissements du « bétail [2] ». Il est curieux d'observer cette familiarité — indécente — de nos ancêtres avec leurs saints et leurs morts [3]. Les prélats ne cessèrent de veiller au respect qu'on doit au *campo santo*. La loi autorisait le procureur fiscal à saisir les marchandises qui y étaient exposées et à les utiliser « au profit de la Fabrique et des Pauvres [4]. »

Mars 1775. — Le 19 mars de cette année, le général est assemblé « à l'extraordinaire ». C'est qu'au **prône de la grand messe,** on a lu certaine ordonnance du Roi et de son intendant de Bretagne. Il s'agit de nommer des commissaires, « pour dresser un état contenant le nom, l'âge et la profession des garçons, hommes, veufs sans enfans, de cette paroisse, ou de chaque profession indistinctement, et sans aucune exception, **depuis l'âge de dix-huit ans jusqu'à quarante,** y demeurant actuellement, soit qu'il soit originaire ou non, domestique ou autrement ». Car le **tirage au sort** aura lieu devant le subdélégué de

(1) ... *in ecclesiis, cymiteriis, et supra ecclesias, ad palmam ludere non verentur; et, dum non applaudit fortuna, in Dei et eius sanctorum [maiestatem?] prorumpunt iniurias, blasphemias; et ad verba, et de verbis ad verbera [diabolica suggestione], prosiliunt... et Fabrice et Parochianis damna proveniunt infinita...* (**Statut d'Etienne Cœuret,** datant de 1411; dans la collection des statuts synodaux publiés en 1509, par Mathurin de Plédran, fol. 19 v°).

(2) *Statuts de Dol, 1771*. Dol, Caperan, p. 44-45.

(3) Babeau, *Le village s. l'anc. rég.*, 1879, p. 116-117.

(4) Freminville, *Dict. de la police générale*, article *cimetières*, édition de 1771, p. 226-227.

Vitré, « le dimanche 26e de ce mois, huit heures du matin. »

Le 24 mars 1776, nous voyons que le général a reçu de nouveaux ordres, et qu'il doit procéder aux mêmes opérations que l'année précédente. Il faut connaître les sujets « aptes, et qui ont la taille, en cette paroisse, pour tirer au sort » et « remplir le nombre des **miliciens** » nécessaires.

Les années suivantes, mêmes travaux administratifs. Les milices étaient des corps de troupes armées, composés de bourgeois et de paysans, qui formèrent, dès le XVIIe siècle, des bataillons auxiliaires et des recrues de la véritable armée. L'intendant était chargé de faire la répartition du nombre d'hommes que chaque village devait fournir. Ceux qui partaient étaient désignés par le tirage au sort. Il ne faut pas confondre ces milices et gardes provinciales, qui formaient une force sérieuse et solidement organisée, avec les milices bourgeoises, qui, dans les villes, faisaient, de concert avec la maréchaussée, le service de police, et paradaient aux cérémonies locales (1).

Août 1778. — On avait décidé précédemment de choisir les commissaires qui se transporteraient au château des Rochers « supplier mes seigneurs et dame des Nétumières, seigneurs fondateurs et patrons de cette paroisse, d'accepter la nomination de la grosse cloche » qui devait être fondue bientôt. Donc, le dimanche 23 août 1778, maître Guy Robert Tribondel, sénéchal, représente « au » general de cette paroisse que, pour se conformer à la » precedente deliberation, il accompagna Mrs Jean Le » Sage, Courtin et Barbé, tresorriers en charge de la ditte » paroisse, le treize de ce mois, au chateau des Rochers, » pour convier monsieur le marquis et madame la mar-

(1) Chéruel, *Dict. des Institutions*, articles : *milices* et *miliciens;* Boursin et Challamel, *Dict. de la Révol.*, article : *milices bourgeoises et gardes provinciales;* Dupuy, *loc. cit.*, p. 244 et suiv.

» quise des Netumieres d'accepter la nomination de la
» grosse cloche de cette paroisse; qu'ils n'eurent pas
» l'avantage de voir monsieur le marquis mais bien
» madame la marquise et monsieur le chevalier des
» Netumieres; qu'ils firent entendre à madame le sujet
» de leur mission, en la supliant d'accepter comme
» marainne nommer la cloche, qui doit estre fonduë dans
» le courant du mois de septembre prochain; qu'elle s'en
» excusa; qu'apres avoir attendu jusqu'à environ midy,
» comptant avoir l'honneur de voir Mr le marquis, pour
» luy faire de vive voix le compliment pour la nommi-
» nation de la cloche comme parrain, ou en cas de refus
» de nommer tel autre qu'il auroit jugé apropos parain
» et marainne pour le representer et madame en pareille
» circonstance; qu'ayant été rapporté au dit Tribondel
» et tresorriers que l'intention de Mr le marquis n'était
» pas d'accepter estre parain de la cloche, et madame
» ayant fait refus d'en estre marainne, egallement que
» monsieur le chevalier qui declara ne pas vouloir accep-
» ter pareille ceremonie; le general doit sur cela prendre
» le party qu'il jugera à propos, soit pour nommer parain
» et marainne, ou arrester que la cloche sera fonduë et
» remontée et uniquement benie avec les onctions ordi-
» naires. — Sur quoy deliberant, **le general a dit qu'il
» est extremement mortifié** de n'avoir pas l'avantage de
» voir Mr le marquis et madame la marquise des Netu-
» mieres parain et marainne de la grosse cloche de cette
» paroisse, ou monsieur le chevalier des Netumieres
» representant Mr le marquis son frère; que dans la cir-
» constance il n'estime pas pouvoir dessenmment nommer
» de leur chef autre personnes pour parrain et marainne,
» monsieur le marquis et madame la marquise n'ayant
» prescrit aucuns ordres ce touchant; il se bornera à
» prescrire au fondeur d'aller trouver monsr le marquis
» et madame la marquise pour recevoir leurs ordres à
» l'occasion de leurs armes qui doivent estre apposée

» sur la cloche selon l'intention respectueuse du general;
» et ont les deliberans dit aller signer (1). »

Dénombrement de 1778 (2). — Pour montrer au lecteur l'importance numérique des trois paroisses de Vitré, sous l'Ancien Régime, nous allons présenter le tableau du « mouvement de la population » en 1778.

	Naissances		Total	Mariages	Morts		Total	Excédent de natalité
	Garçons	Filles			Hommes	Femmes		
Sainte-Croix	28	30	58	10	21	13	34	24
Saint-Martin	38	46	84	13	38	27	65	19
Notre-Dame	144	142	286	49	83	69	152	134

Septembre 1780. — Le 3 septembre 1780, « le sr Jean André » Auffray, cy-devant nommé questeur pour les **captifs** » **bretons** (3), a representé au general de la paroisse avoir » questé et receuilly, par les queste exacte qu'il a faitte » en l'eglise de cette paroisse, jusqu'à la concurrence de » la somme de onse livres, seise sols, un denier; quelle » somme, avec celle de vingt trois livres, quinse sols, dont » il demeura chargé par la deliberation du 18eme juillet » 1779, font ensemble celle de trente cinq livres, seise » sols, un denier, qui ont été mise au coffre fort de cette » paroisse dans un sacq destiné à cet effet. — Le general » a nommé au lieu et place du sr Auffray, cy-devant

(1) Pour comprendre l'émoi du général, il faut se souvenir qu'à la pompeuse cérémonie du baptême des cloches, le parrain était presque toujours Haut et Puissant Seigneur, et la marraine Haute et Puissante Dame. C'était même, en beaucoup de paroisses, la seule occasion que la noblesse acceptât de participer largement aux dépenses de l'église. D'ailleurs, les cloches, d'après la coutume, rendaient de plus solennels honneurs aux châteaux. Elles sonnaient pendant quarante jours au décès du seigneur haut-justicier (FRÉMINVILLE, *Dict. de la police générale*, article *cloches;* édition de 1771, p. 228).

(2) ARCHIV. DÉPART. DE RENNES, *Intend. de Bret.*, Liasse C. 1415.

(3) En 1732, la Communauté de ville de Vitré s'était plainte de ce que plusieurs habitants, pour s'exempter des charges publiques, avaient acquis « de prétendus privilèges, attachés à la fonction de questeurs dans les paroisses pour la rédemption des captifs » (PARIS-JALLOBERT, *Journal hist. de Vitré*, p. 312).

» questeur pour les captifs bretons, le s[r] Guillaume » Bertin, qui a accepté le plat ordinaire destiné pour la » queste. »

Dans l'année 1780, de janvier à décembre, il y eut 6 réunions du général. Elles se faisaient le dimanche.

Avril 1786. — Un arrêt du parlement de Rennes, en date du 11 mars 1780, avait autorisé les généraux des paroisses du ressort, à prendre dans leurs coffres-forts telles sommes qu'ils jugeraient nécessaires, pour subvenir aux besoins les plus pressants des pauvres, jusqu'à la récolte prochaine. Le général de Saint-Martin hésita. Puis, le 30 avril 1786, il arrête « qu'**il sera distribué aux pauvres » de cette paroisse pour six cens livres de pain.** »

Mars 1789. — Le dimanche 29 mars 1789, le général de la paroisse de Saint-Martin s'assemble « à l'extraordinaire », en vertu de la convocation faite ce jour, au prône de la grand'messe. Donc, l'assemblée des habitants de cette paroisse est réunie « pour dresser leur **cahier de do- » leances, plaintes et remontrance,** et nommer leurs » deputtés pour s'assanbler avec les autres deputtés de » la senechaussée de Rennes, dans le lieu qui sera indi- » qué, le sept avril prochain, huit heures du matin, pour » deliberer et nommer des deputtés pour assister aux » Etats Generaux du Royaume. » Le général choisit à la pluralité des voix le sieur Barbé, et le charge « de se » rendre en la ville de Rennes au lieu où se tiendra l'as- » semblée des deputtés des paroisses de la senechaussée » de Rennes, le 7e avril prochain, 8 heures du matin, » pour representer le general et les habittants de cette » paroisse, nommer avec les autres deputtés et ellire le » nombre prescrit des deputtés pour assister aux Etats » generaux du Royaume; observer : que la paroisse saint » Martin de Vitré est une des paroisses du Royaume dont » la population est des plus considerables et où la mizere » est des plus grandes; que, neantmoins, les habittants » qui y resident sont excedés par les charges qu'on leur » impose, les impositions excessives de la capitation, le

» logement des gens de guerre, le casernement, les droits » de peages et pencarte qu'on exige des habittants, sans » reparer les ponts et chaussées qui se trouvent dans les » routes des campagnes à Vitré, non plus que les pavés; » que, quoique dans la repartition des impositions pu- » bliques les habitants de chaque paroisse sont plus dans » le cas de connoitre les facultés de leurs voisins et pa- » roissiens et d'apprecier le taux de leur imposition, » neantmoins la communauté de ville de Vitré, composée » des habittants de la paroisse de Notre Dame n'a jusqu'à » present pas songé à appeller, lors de la repartion[1] des » impositions pour ladite ville, aucuns des habittants » qui composent le general de cette paroisse, pour quoi » les deliberants susnommés ont encore chargés leur » deputté de demander que deux des membres dudit » general et habittants de la paroisse de Saint Martin » soient admis et appelés lors de la confection des rolles » et impositions de la ville, meme aux deliberations de » ladite ville; et ont au surplus les deliberants declaré » se referer aux plaintes et doleances des municipallittés » de toutes les villes et campagnes de la province, et » chargé son deputté de faire tout ce qu'il jugera néces- » saire et convenable pour l'interrest dudit general et » habittants de cette paroisse; et ont les deliberants dit » aller signer. » Suivent les signatures, parmi lesquelles on distingue celle de Jean Barbé.

Novembre 1789. — Le dimanche 22 novembre 1789, « le sieur » Estienne Gaumerais, tresorier en charge[2], a repre- » senté au general qu'il lui a esté adressé, de la part du

(1) *Sic.*

(2) Souvent, les registres appliquent au trésorier en charge le titre de « président » de l'assemblée. En fait, c'est presque toujours lui qui prend la parole. Le recteur n'assistait pas régulièrement aux séances. Mais, avec les autres commissaires, il examinait les comptes des trésoriers. Ces comptes n'entraînaient pas ordinairement de difficultés. Toutefois, en 1774, deux ans après avoir quitté sa charge, le sieur Gilles Doré persévérait dans sa « morosité » et refusait de se mettre en règle. Depuis avril 1789, on ne mentionne plus dans la réunion paroissiale la présence des officiers de l'ancienne juridiction.

» bureau servant de la municipalité et du comité militaire » de Vitré, une lettre d'invitation au dit general » pour souscrire « pour un aprovisionnement de farinnes et » de grains etrangers, pour estre vendus et distribués aux » habitants du pays, le 31 octobre dernier, dans laquelle » lettre est un areté de la dite municipalité et comité, » datté du 14 dudit mois d'octobre... sur quoi le general » deliberant, eu egard à la necessité pressante, et sous » le bon plaisir de la cour, a esté unanimement d'avis » d'employer des deniers qui sont au cofre fort jusques » à la concurrence de douze cents livres, pour contribuer » à l'aprovisionnement et **achapt de grains pour l'utilité » publique**... »

Mai 1790. — Dans la réunion du 23 mai 1790, le trésorier en charge représente à l'assemblée « qu'il lui a été remis, **de la part du conseil général de la commune de Vitré,** un extrait de délibération par lui prise, à l'occasion de la **suppression des bancs,** qui étaient dans les trois églises paroissiales de cette ville, pour y substituer des chaises ». La réunion martinienne est d'avis qu'on place donc des chaises, pour la commodité du public, « le plus promptement possible ». Et « la ferme des dites chaises » sera mise en adjudication, au plus offrant.

Le dimanche 30 mai, — comme il est avéré par une pièce adjointe au registre de Saint-Martin, — « MM. les nobles, bourgeois, et anciens trésoriers de la paroisse de Notre-Dame » protestèrent avec vigueur contre l'enlèvement des bancs de leur église, contre « les debris et le scandal qui en est resulté » *(sic)*, et invitèrent les autres généraux à certaine réunion, qui se tiendrait le 13 juin suivant, « pour venger une voye de fait aussi scandaleuse ».

Le 6 juin, les Martiniens choisirent quelques députés pour assister au meeting de Notre-Dame. Mais l'indignation de ces « gros messieurs », comme dirait La Fontaine, ne leur causa sans doute qu'une douce émotion.

Peut-être le souvenir de cette coupable indifférence pour des bancs bien sculptés, bien armoriés, détermina-t-il le général de Notre-Dame à chercher noise au général de Saint-Martin, relativement à des pierres tombales (1). Braves gens, qui se jalousent encore, pendant que 93 est à leurs portes !

Le 26 septembre 1790, le général martinien régla la question des chaises, « **sous le bon plaisir de la municipalité de Vitré** ». On devait disposer 350 sièges dans l'église, pour lesquels on réclamerait un liard « par chaque personne et à chaque office » ; mais on devait ménager aussi des espaces libres pour ceux qui ne voudraient pas payer. Jean Bertin, enchérisseur, accepta les charges, et demeura pour six ans adjudicataire de la ferme des chaises, à raison de 256 livres par année.

Mars 1791. — Le 27 mars 1791, l'administration vitréenne fait connaître au département l'*état de tous les fonctionnaires publics ecclésiastiques des municipalités du district de Vitré qui ont prêté le serment ou qui ont cru devoir le refuser* (2). MM. Brunet (3) et Moulin (4), recteurs alternatifs de Notre-Dame et de Saint-Martin, M. Levesque (5), recteur de Sainte-Croix; MM. Herrembourg (6) et Châtelais (7), vicaires à Notre-Dame ; MM. Royer et Halloche (8), vicaires à Saint-Martin; M. Barbot, vicaire à

(1) *Registres de Saint-Martin*, séance du 7 novembre 1790.

(2) ARCHIV. DÉPART. DE RENNES, série L, liasse intitulée : *Tableaux des fonctionnaires ecclésiastiques ayant prêté ou refusé de prêter le serment.*

(3) M. Brunet, impotent, ne pouvait guère remplir son ministère. Il mourut à 72 ans, le 24 juillet 1793 (Date donnée par GUILLOTIN DE CORSON, *Pouillé de Rennes*, VI, p. 505).

(4) M. Moulin fut exilé à Jersey en 1793. Il mourut en revenant en France (*eod. loc.*, VI, p. 505, 617).

(5) M. Levesque devint, au Concordat, curé de Notre-Dame de Vitré (*eod. loc.*, VI, p. 507).

(6) M. Hérembourg devint, au Concordat, recteur de Saint-Grégoire, près Rennes (*eod. loc.*, VI, p. 69).

(7) M. Châtelais fut exilé à Jersey (*eod. loc.*, VI, p. 617).

(8) Il sera question de M. Halloche au paragraphe suivant. — M. Royer mourut à Vitré, en 1795, chez une pieuse dame qui lui donnait asile (D'après GUILLOTIN DE CORSON, *Les confesseurs de la foi*, Rennes, 1900, p. 235).

Sainte-Croix [1], refusèrent de se soumettre à la constitution civile du clergé. Au total, dans le district de Vitré, 79 prêtres, occupant des postes de curés ou de vicaires, rejetèrent le serment ; et 8 prêtres, dont 3 étaient curés, et 5 vicaires, acceptèrent le nouvel ordre de choses.

Juin 1791. — On a conservé le **billet de convocation**, dont lecture fut donnée au prône, pour réunir le général, au 19 juin 1791. Nous le reproduisons ici, à titre de document sur l'ancienne administration.

« Messieurs les deliberans du corps politique de cette » paroisse sont avertis de s'assembler aujourd'hui a lissus » de la grande messe en la chambre des Deliberations » pour affaires qui regarde la par-sse [2] Et pour l'Election » de trois nouveau tresoriers. Vitré 19 Juin 1791.

» G. Martin
» tresorier en charge.

» Lu et publié les mêmes jours et ans que
» dessus et dimanche dernier treize juin 1791.
» Haloche curé de St Martin de Vitré.

Ce billet, dont nous respectons l'orthographe, avait été composé d'une belle écriture appliquée par Guy Martin. Quant à M. Haloche, — curé, ou, comme nous dirions aujourd'hui, vicaire, du recteur alternatif de Notre-Dame et de Saint-Martin [3], — il devait partir bientôt en exil, à Jersey [4].

Le 19 juin 1791, le général choisit pour trésoriers « les sieurs Charil de Vilanfray, Beaugeard-Martinet, et Jarnoüen-Vilartay, habitants de laditte paroisse. »

(1) M. Barbot, poursuivi en 1797 comme « fanatique », devint plus tard recteur de la paroisse dont il avait été vicaire. Il décéda en 1824 (D'après Guillotin de Corson, *Les confess. de la foi*, p. 235).

(2) *Sic.*

(3) La paroisse Saint-Martin possède une organisation « à peu près sans exemple. Elle a deux recteurs qui lui sont communs avec la paroisse de Notre-Dame. Chacun des deux recteurs exerce alternativement les fonctions curiales huit jours dans une paroisse et huit jours dans l'autre » (Dupuy, *loc. cit.*, p. 114). Le recteur qui fait le service à Saint-Martin est appelé par le général : le « recteur en semaine ».

(4) Guillotin de Corson, *Pouillé de Rennes*, VI, p. 617; voir aussi p. 455.

Juin 1791. — Le dimanche 26 juin 1791, le général s'assemble « à l'extraordinaire, à l'issue des vêpres, après le son de la cloche, en la chambre haute des délibérations, en vertu de la convocation faite vendredi dernier et répétée ce jour au prône de la grand messe. »

« Le sieur Guy Martin, trésorier en charge, a représenté » au général que MM. les administrateurs du **directoire** » **du district de Vitré** lui ont remis copie d'une lettre, » leur adressée, par le sieur **Briand,** prêtre, résidant à » Rennes, nommé à la cure de cette paroisse, en date » du 13 de ce mois, par laquelle il annonce qu'il ne peut » se rendre à sa cure avant quinze jours; comme ce délai » est sur le point d'expirer, et qu'il convient de lui trouver » le logement et la pension à son arrivée : pour quoi le » sieur Martin a requis le général de prendre en consi- » dération ses observations. Sur quoi délibéré.

» Le général a été d'avis, dans le cas où le sieur Briand » ne voudrait pas occuper la maison destinée pour le » logement du curé, située dans le cimetière de cette » paroisse (1), de lui trouver un logement et la pension; et » pour cet effet a nommé députés les dits sieurs Oger fils » et Martin, de se rendre chez quelques uns des habitants » du faubourg St Martin; lesquels ont sorti sur le champ. » De retour, ils ont déclaré qu'après avoir été chez plu- » sieurs desdits habitants, ils ont trouvé une chambre » et un cabinet, dépendant de la maison dont jouissent » les sieur et dame Bigot, qui consentent la louer dès à » présent, mais qu'**ils n'ont pu trouver une pension;** pour » quoi le général va s'occuper au plus tôt pour trouver » une pension audit sieur Briand, même un logement, » au cas que celui des sieur et dame Bigot ne lui convient » pas; et ont nommé pour cet effet pour commissaires, » à l'effet de faire les démarches convenables, les sieurs » **Jean Baptiste Onfray et Guy Martin.**

(1) L'ancienne église de Saint-Martin était enveloppée du cimetière de la ville. On a conservé de ce monument une assez grande et assez belle fenêtre du XVe siècle, et une tour en partie du XVIIe, dont la laideur n'est l'objet d'aucune discussion.

» A l'endroit, s'est présenté à l'assemblée le sieur » **Jean Bourcier**, prêtre, sacriste de cette paroisse, lequel » a déclaré que ne pouvant plus remplir la place de » sacriste, il a prié le général de vouloir bien agréer sa » démission de ladite place, et son remercîment de l'hon- » neur de sa confiance, et l'a prié de vouloir bien nommer » un autre sacriste en sa place et a signé.

» Sur quoi nouvellement délibéré.

» Le général considérant que l'emploi de sacriste est » libre et volontaire, a, avec bien du regret, reçu et » accepté la démission du sieur Bourcier. Et ont les déli- » bérants signé. »

Deux réunions suivirent la précédente; elles eurent lieu le 10 juillet et le 4 septembre; elles ne nous apprennent rien au sujet du curé constitutionnel.

Nous avons rencontré le nom du sacriste démissionnaire parmi les prêtres qui exercèrent leur ministère à Vitré en 1797. Il signait alors comme au mois de juin 1791 : « Ji. Bourcier ptre ».

Septembre 1791. — Le dimanche 4 septembre 1791, le général s'assembla, suivant la formule coutumière, « en la chambre haute des délibérations, en vertu de l'avertissement en fait dimanche dernier et répété ce jour au prône de la grand messe, et après le son de la cloche ». C'est la dernière réunion dont je trouve trace. Et le registre se termine par l'inventaire des objets qui appartenaient à la Fabrique. Cette pièce fut dressée pour établir la responsabilité du nouveau sacriste, Jacques-Pierre Morel, prêtre. Dans la longue liste des ornements et des instruments du culte, je ne vois rien qui attire spécialement l'attention. Notons toutefois « une grande armoire à quatre ventaux servant à ramasser les ornements et tapisseries »; et l'on signale « **douze pièces de tapisseries » vertes et une autre pièce de haute lice**[1] ».

La petite ville de Vitré paraît une des vieilles cités françaises où l'on contemple le plus d'anciennes tapis-

(1) *Sic.*

series dans les maisons bourgeoises. Et combien ont été perdues avant que la mode ait imposé la recherche et l'entretien de ces somptueuses décorations ! Il est naturel d'attribuer cette abondance de tentures à la richesse de la bourgeoisie locale et aux avantages du commerce international, qui fut si florissant jadis à Vitré (1).

Il y eut **en 1791**, — du 9 janvier au 4 septembre, — **huit réunions** du général martinien (2).

(1) FRAIN DE LA GAULAYRIE, *Les Vitréens et le commerce international* (brochure in-8° de 101 pages): *Commerce des Vitréens en Espagne* (broch. in-12 de 29 p.); *Vitréenne et Malouine : Mme de la Villeblanche et Mme de Lorvinière* (Vitré, 1902, brochure de 100 pages).

(2) Il serait intéressant d'étudier les généraux constitutionnels. Mais leurs registres sont difficiles à dénicher. Voici deux types d'assemblées paroissiales, qui ont un prêtre soumis à la constitution civile du clergé.

Nous sommes à Dol, le dimanche 22 avril 1792. Le culte officiel s'exerce dans la cathédrale, devenue seule église de paroisse. Le général se réunit « en la sacristie », suivant la manière accoutumée. Il a deux trésoriers en charge. Il prend des mesures pour assurer la dignité des offices et résout de choisir « deux bacheliers pour le service journalier de l'église »*. Huit membres seulement assistent à la délibération (les deux trésoriers en plus), soit par négligence, soit à cause de l'impopularité du service religieux assermenté. Le 24 avril, le maire et trois officiers municipaux écrivent au général pour lui reprocher son peu de souci des règles, son manque de déférence à l'égard du nouveau curé constitutionnel, son dédain de la commune et de tout « corps surveillant ». Dans sa séance du 26 avril, le district prit la défense du général **.

Passons à Rennes. L'église abbatiale de St-Melaine vient d'absorber les paroisses de St-Germain, St-Georges, St-Jean et St-Martin. Elle se présente transformée en « paroisse métropolitaine ». Un général constitutionnel s'organise. La dernière réunion que nous connaissions est datée du dimanche 30 décembre 1792. Elle se fit « à l'issue de la grand messe », dans « la chambre des délibérations », à la suite de « billets de convocation portés par les bedeaux, comme de coutume ». Vingt membres étaient présents ***.

Sur un point, ces deux généraux constitutionnels se ressemblent. Ils ont fait démolir les jubés de leur église paroissiale. A la fin de 1791, le général de St-Melaine dit : « Le jubé de l'Eglise obstrue le service, les fidèles ne peuvent voir la célébration de l'office ». Le 21 juin 1792, sur la demande du général de Dol, le district de cette ville approuve le projet de démolition du jubé, afin que le chœur ne soit pas, comme les « temples des druides », fermé aux fidèles.

* Le mot *bachelier* (ou plutôt *basselier*, puisque tout le monde prononçait ainsi à Dol) désigne un petit servant de messe, un employé du chœur [F. DUINE, *Hist. du livre à Dol*, 1906, p. 24, note].

** ARCHIV. DÉPART. DE RENNES, Liasse intitulée : *Municipalité de Dol*. Administration communale, 1790-1792).

*** *Délibérations du général de la paroisse métropolitaine de St-Melaine*, aux ARCHIV. DÉPART. DE RENNES, registre portant la cote L. V. et G. 207. — Les mêmes Archives possèdent un *Journal des recettes et dépenses de la fabrique de ladite paroisse* (Journal qui se poursuit jusqu'au 21 février 1793).

La Révolution. — En juillet 1791, Maurice-Pierre **Briand** fut installé comme curé constitutionnel de Saint-Martin de Vitré (1). Il est quasi impossible de savoir quels étaient les vrais sentiments du général envers cet ecclésiastique séparé de la communion romaine. La dernière délibération paroissiale est énigmatique. Peut-être les trésoriers jouèrent-ils une parodie de bonne volonté. Quoi qu'il en soit, la population témoigna bientôt le plus admirable dévouement aux pasteurs réfractaires. Pendant la Terreur, le service des sacrements fut assuré par M. l'abbé **de la Guéreterie,** qui, à mainte reprise, risqua son existence pour sa foi. D'après les traditions orales des vieilles Vitréennes, on n'osa pas célébrer dans une église la **Fête de la Raison.** Cette solennité carnavalesque aurait été exécutée dans le parc, — qui est devenu le délicieux jardin public de la ville. Ainsi que dans beaucoup d'endroits, la déesse était une jeune fille des bonnes familles bourgeoises du pays. Ses descendants n'ont pas assez de mépris pour les prêtres qui ne combattent point la constitution républicaine ! En mars 1795, les pasteurs fidèles pratiquèrent le culte privé; on officiait dans des maisons particulières, après déclaration à la municipalité (2). Une chapelle (celle de Saint-Nicolas, à l'hôpital du Rachapt), fut même ouverte, avec permission d'y chanter la messe (3). Une **détente** morale était nécessaire. En Ille-et-Vilaine, les proclamations de Brue et de Grenot, représentants du peuple, laissèrent de l'espoir (4). Les administrateurs du

(1) Paris-Jallobert, *Journal de Vitré*, p. 440.

(2) *Loc. cit.*, p. 484. On peut dire que **la Convention** présente trois attitudes : tout d'abord elle respecte la foi et désire garder une église nationale; puis, elle essaie de l'impiété et veut écraser toute religion révélée; enfin, fatiguée, elle offre une égale liberté aux cultes qu'elle méprise : les diverses pratiques religieuses s'exerceront, aux conditions fixées par l'Etat, et sous la surveillance de la police. Dans ces trois attitudes, elle prétendit travailler *ad majorem Patriæ salutem*.

(3) *Loc. cit.*, p. 483.

(4) P. Delarue, Le clergé et le culte cath. en Bret. pendant la Rév., *District de Dol*, IIIe part., p. 58-59, 151-153.

district de Vitré criaient à Rennes et à Paris la **misère profonde des campagnes** et suppliaient les pouvoirs de ne plus pratiquer à l'égard des paysans d'inutiles et odieuses violences (1). Cependant le clergé dut subir de nouvelles vexations (2). Depuis la fin de juillet 1797 jusqu'au commencement de septembre, les pasteurs fidèles purent accomplir leurs fonctions, puisque, pendant cette période, ils emploient la formule : « Nous avons inhumé dans le cimetière » (ce qui suppose la liberté et la tranquillité) (3). Mais, le 9 septembre de la dite année, les églises vitréennes furent fermées pour la troisième fois (4). La tourmente sévit. En avril 1799, il faut retarder un baptême durant un mois, « à cause de la persécution ». Une année plus tard, — **avril 1800,** — les édifices du culte se rouvrirent définitivement (5). Quelques mois après, Mgr Le

(1) Le 8 floréal, an III (27 avril 1795), les administrateurs du district de Vitré écrivent aux administrateurs du département d'Ille-et-Vilaine : « Il est impossible de vous peindre, citoyens, la misère à laquelle sont réduits les habitants du district de Vitré. Depuis quatre mois nous luttons contre la famine la plus affreuse, nous manquons de tout à la fois, même de bois pour cuire le pain. Depuis ce temps on ne vit ici que de sarrazin; les gros grains sont consommés, ainsi que les avoines; et si nous n'avions pas tiré des grains de Redon, Bain et Merdrignac, la plupart des habitants seroient morts de faim ». Deux jours après, le 10 floréal, an III (29 avril 1795), les administrateurs du district de Vitré écrivent au Comité de salut public : « L'ouvrier, la mère de famille, qui gagnent peu et ont cinq à six enfans à nourrir, peuvent-ils payer le pain un écu la livre ? (*) C'est là cependant le prix qu'il coûte depuis longtemps ». Et le 25 prairial de l'an III (13 juin 1795), les administrateurs du district et les maire et officiers municipaux de la commune de Vitré adressent au Comité de salut public ces nobles et sages paroles : Les troupes républicaines commettent des abus détestables, « nous n'ignorons point que le pays est rempli de rebelles, que plusieurs habitants les accueillent, qu'il sera indispensable d'entretenir ici, longtemps, une forte garnison. Mais ramènera-t-on des gens égarés, en leur enlevant tout ce qu'ils possèdent ? Leur persuadera-t-on, en les réduisant à la dernière misère, que le gouvernement républicain est le plus juste de tous et le seul qui puisse faire notre bonheur ? » (ARCHIV. DÉPART. DE RENNES, *District de Vitré*, Registres, 2 L 144).

(2) PARIS-JALLOBERT, *loc. cit.*, p. 491.

(3) Voir dans cette étude, Préface, *liste des sources*, n° 10.

(4) PARIS-JALLOBERT, *loc. cit.*, p. 501.

(5) *Loc. cit.*, p. 520.

(*) Un écu *en assignats*, ce qui ramène le prix de la livre de pain à sept ou huit sous (en valeur actuelle).

Coz, évêque constitutionnel de Rennes, écrivait : Le sous-préfet de Vitré ne fréquente que l'église des prêtres « insoumis » à la constitution civile du clergé, et traite les autres de « coquins » (1).

Le Concordat. — En 1790, la ville de Vitré fut divisée en deux justices de paix, celle du canton ouest, ou de Notre-Dame, celle du canton est, ou de Saint-Martin. Par une ordonnance du 16 juillet 1803, Mgr de Maillé, évêque de Rennes, forma les trois paroisses vitréennes, en donnant à Notre-Dame et à Saint-Martin les mêmes limites que celles des justices de paix dans lesquelles se trouvait chacune des deux églises, sauf les distractions en faveur de Sainte-Croix.

Dès la première année de la réorganisation épiscopale du culte, Mgr de Maillé dut résoudre des questions de rivalité entre Saint-Martin et Notre-Dame. En vertu des pouvoirs spéciaux que le Pape délégua aux évêques pour la réglementation nouvelle des diocèses, le prélat de Rennes établit que la prochaine procession de Vitré serait commune aux trois paroisses et qu'elle partirait de Notre-Dame. Mais il déclarait ne tenir compte dans cette circonstance que de l'ancienneté du curé, M. Levesque de la Mesrie, sur son collègue de Saint-Martin. C'était en finir avec la condition d'église-mère et d'église-fille, et supprimer radicalement, au point de vue ecclésiastique, l'ancien régime vitréen (2).

(1) Le Coz vint à Vitré en 1791 (PARIS-JALLOBERT, *loc. cit.*, p. 436). Il y passa quelques jours en avril 1799 (A. ROUSSEL, *Correspondance de Le Coz*, Paris, 1900, t. I, p. 324). Le 3 brumaire an IX (25 octobre 1800), il exprimait à Grégoire, évêque constitutionnel de Blois, son désappointement de voir des fonctionnaires aller vers l'ancien clergé réfractaire (ROUSSEL, *loc. cit.*, p. 369). Le sous-préfet de Vitré à cette époque était Paul-Alexis Thomas de Maurepas, qui deviendra baron de l'Empire en 1811, et sera autorisé à substituer au titre de Maurepas celui de la Plesse.

(2) Lettre de Mgr de Maillé, écrite de « La Freslonnière près Vennes », datée du 7 octobre 1803, adressée au curé de St-Martin. — Une photographie de la pièce autographe m'a été communiquée par un ancien vicaire de St-Martin, M. l'abbé Lecoiffier, aumônier militaire, à Rennes.

Epilogue.

Au cours du XIXe siècle, tandis que Notre-Dame, — conservant la cité féodale, avec son pittoresque château; la curieuse montée du Rachapt, sorte de ghetto hollandais; la rue médiévale de la Baudrairie; et d'amples développements hors les murs, — invoquait fièrement ses glorieux souvenirs, Saint-Martin grandissait avec les quartiers neufs, les casernes, et le mouvement de la vie moderne. Un jour, non loin de la gare, surgit de cette paroisse une belle église, travail d'un art consciencieux. Son très élégant clocher porte haut le témoignage d'une générosité qui fit des prodiges. A son ancienne succursale, Notre-Dame, vénérable châtelaine qui aime les bons usages, ne manquera pas d'adresser galamment le vers d'Horace (1) :

O matre pulchra filia pulchrior !

(1) *Odes*, lib. I, xvi.

INDEX PRAGMATIQUE

(1) Ces religieux ont laissé leur nom au *boulevard des Jacobins*. Dans leur maison mourut, en 1629, Pierre Quintin, un des plus saints prêtres de l'ordre de saint Dominique (LOBINEAU, *les vies des saints de Bret.*, 1725, p. 372).

(2) La séparation de l'Eglise et de l'Etat a été l'occasion de divers articles, dans plusieurs revues, sur l'histoire paroissiale. Nous ne les avons pas mentionnés à dessein, nous cantonnant dans la Bretagne. Même pour cette province, un certain nombre de publications, relatives aux généraux, nous ont échappé (par exemple : LE CERF, *Le général d'une paroisse bretonne au XVIIIe siècle* [Mûr], 1888, 32 pages). Malheureusement,

les monographies locales un peu développées, faites avec méthode, sortant du panégyrique ou de la niaiserie, ne sont pas nombreuses.

Sur les origines des généraux, on ne peut pas ne pas mentionner le chapitre de M. de La Borderie, intitulé : *Institution civile de la paroisse bretonne du XIe au XIIIe siècle* (dans son *Hist. de Bret.*, t. III, 1899, p. 133-138).

(1) Le prône, dans son développement historique, tend à prendre un caractère de plus en plus religieux. Il exclut tout d'abord les délibérations paroissiales, qui furent renvoyées après l'office divin, dans une salle à part. Il exclut en second lieu les lectures de pièces purement profanes, qui furent publiées à la fin de la messe.

INDEX ONOMASTIQUE

Sont imprimés en caractères gras : les noms de lieux dont l'église, le général ou le recteur sont cités dans cette étude. Les autres noms, imprimés en caractères ordinaires, se rattachent à l'histoire de Saint-Martin de Vitré.

(1) Jean-Baptiste-Olivier Beaugeard, sieur de la Morinais, né le 8 juillet 1735, fut le père du régicide. Celui-ci, né le 18 février 1764, porta les prénoms de Pierre-Jean-Baptiste; et son souvenir n'est point perdu parmi les vieilles gens de Vitré, qui l'appellent Morinais-Beaugeard. — A Vitré, à Dol, à Rennes (nous citons les villes où nous avons pu le constater), les familles intéressées répandirent sous l'Empire et pendant la Restauration des récits de Plutarque et des répliques de Corneille, qui font grand honneur à l'espèce humaine.

(2) Ce prêtre est sans aucun doute le vicaire de Pocé, dont parle M. Guillotin de Corson, dans ses *Confesseurs de la foi*, à la page 246.

(1) Sur ce prêtre, voir GUILLOTIN DE CORSON, *Les Confesseurs de la foi*, Rennes, 1900, p. 247.

(2) Le château des Rochers est habité par M. le comte et Mme la comtesse Yvan des Nétumières, qui conservent avec un soin exquis l'air de grandeur de cette maison et les précieux souvenirs de la marquise. En entrant dans la petite chapelle, qui n'assisterait par la pensée à la leçon de catéchisme si gentiment contée par Mme de Sévigné ? (*) En parcourant le parc, les allées et les bois, qui ne sentirait quelque chose des rêves d'antan ? « Combourg n'est pas si beau », disait-elle (**). Mais alors, l'Autre n'était pas né. Et maintenant Combourg est aussi beau.

(*) Lettre du 30 septembre 1671.
(**) Lettre du 2 septembre 1671.

INDEX LEXICOGRAPHIQUE

La syntaxe des délibérations martiniennes obéit rarement aux grammairiens; nous n'avons eu garde de la retoucher. Mais, en plusieurs pages, nous avons abandonné l'orthographe fantaisiste du général.

TABLE GÉNÉRALE

Imprimerie Oberthür, à Rennes (703-07).

www.ingramcontent.com/pod-product-compliance
Ingram Content Group UK Ltd.
Pitfield, Milton Keynes, MK11 3LW, UK
UKHW022130170726
13837UKWH00003B/1475

9 782019 936518